カーペンターの見た朝鮮王朝末期の人々

権力者と両班たち

朝鮮王高宗の実父・大院君

朝鮮王妃・閔妃

正装した両班の家族

普段着の両班家族

両班たちの日常生活

碁をうつ父と子

砧をうつ女性たち

長衣に身を隠して外出する女性

輿に乗って外出する少女とお供の下女

両班たちの日常生活

着飾った少女たち

台所で働く下女たち

アメリカ公使館

人力車に乗る両班

YMCAに通う少年たち

朝鮮の文明開化

駅で列車をまつ人たち

どこまでも続く鉄道

路面電車

川辺で洗濯をする女性たち（ソウル市内）

長衣の女性と頭に甕を載せた女性

郊外の水辺で洗濯をする女性たち

ソウル市内の川と橋

牛にひかせた薪を売る行商

市場で草鞋を売る露店商人

祖先祭祀の供物を売る町の商店主

村の葬儀の行列

塩の行商人

甕の行商人

峠の境界に立つチャンスン

処刑を待つ罪人

ハルモニが語る朝鮮王朝末の暮らしと文化

フランセス・カーペンター 著
中西康貴 訳　樋口淳 解説

謝辞

本書におさめた民話は数多くの資料に基づいています。中でも韓国で刊行された初期の英語定期刊行物「コリアンリポジトリー」と「コリアンレビュー」と、十九世紀後半の数十年間に宣教師や教師、旅行家たちによって刊行された『隠者の国朝鮮』（ウィリアム・エリオット＝グリフィス）、『朝鮮の物語』（ホレース・ニュートン＝アレン）、『朝鮮の生活』（W・R・カールス）、『朝鮮紀行』（イザベラ・バード・ビショップ）、ジェームズ・S・ゲイルの作品、ホーマー・B・ハルバートの記事や書籍、『朝鮮人の遊び』（スチュアート・カリン）から多くの情報をいただきました。

私の父フランク・G・カーペンターの初期の著作からも、多くの貴重な素材を得ています。父は一八八八年に初めて朝鮮を訪れ、私自身も、この不幸な国が日本に併合される以前に、父とともに現地を訪れた経験があります。

著者はまた、韓国の学者で批評家である韓豹項《ハンピョーウク》氏に感謝を申し述べたいと思います。氏は、著者が撮影した古い朝鮮の家族写真の考証に力を貸してくださいました。

目次

1　金《キム》の家

ハルモニは、柔らかい虎皮の敷物に気持ちよさそうに座り、開けたままの扉から流れ込んでくる秋の風を楽しんでいた。四方を塀に囲まれた内庭《マダン》で二人の孫娘がノルティギ（板跳び）をするのをながめながら、おばあさんは満足そうに長いキセルをふかす。土を固く詰めた袋の上に差し渡した板の両端に立って飛んだり跳ねたり、女の子たちは悲鳴をあげて笑っていた。長くて明るい色のチマが風の中ではためいていた。編んだ黒髪には小さな赤い蝶々結びがついていて、女の子たちが飛び上がったり下がったりするたびに前や後ろに振れるのだった。

けれども、おばあさんの黒い目は幾度となく女の子たちからそれてしまう。おばあさんの目は、内棟《アンチェ》のずっと向こう側にある低くて長い舎郎棟《サランチェ》の脇の出入り口に注がれるのだった。その建物には金《キム》家の男たちが住んでいて、女たちのいる区域を外側の入り口から守っていた。その入口のすぐそばの縁側に立って耳を澄ませている少女と同じように、おばあさんは何か聞こえないかと耳をそばだてていた。

「もう帰ってくるわよ、ハルモニ」と、濃いバラ色のチマに合わせた短い緑色のチョゴリの赤いリボンを結び直しながら、女の子が言った。

「ええ、もうお帰りになるわよね、オクジャ（玉子）」とおばあさんは答えた。

「庭の塀の向こうに日が落ちたわ。宵の鐘がもうすぐ鳴って、大門がみんな閉まるわ。急がないと、旦那さまもお伴も今夜は大通りで過ごすことになるでしょうね」

オクジャには、父親や叔父さん、それに兄弟や甥たちがみんなこの土塀に囲まれた金家の屋敷を出て、朝から晩まで丸一日姿を消すのが不思議だった。

秋夕《チュソク》の時期で、お参りする者たちがソウルの街をぐるりと囲む丘の墓所に出かける習《なら》わしだった。そしてもちろん、その祖先の祭祀では一家の男たちこそが大事な役割を果たすのだった。

その朝は、夜明けとともに小さな行列が大門を出て行った。先頭は金弘集《キムホンシップ》、オクジャの父親で、いつも皆から「ハルモニ」と呼ばれているおばあさんの長男だった。父が亡くなって以来、金弘集は家長という大切な役割を担っていて、家の儀式はすべて金弘集が率いた。

金弘集は男前で貫禄のある男だった。この日、金弘集はいつものようにシミひとつない白いチョゴリと白いパジをつけ、パジは太子鞋《テサヘ》（鞋《くつ》）を履いた足首のあたりでゆったりと結ばれていた。その上に着た一張羅の緑色の丈の長いトルマギ（外套）は、日差しの下で絹のようにきらきらしていた。馬の毛で編んだ黒いカッ（帽子）の網目からは、頭にぴったりかぶったカッツ（かぶり物）の穴から、きれいに手入れされた髷《まげ》がまっすぐ立ち上がっているのが見えていた。

両班《ヤンバン》の家長らしく、あるいは金家のような立派な家柄の者に相応しく、金弘集は頑丈で小さい韓馬に乗って街から出て行った。馬のすぐ脇には従者が一人ついて、細い田舎道で、特に道の悪いところでは、よく肥えた馬の体に手を添えて揺れを防いだ。従者がもう一人先を走っては、道行く人々に向って「道を開けろ、道を開けろ！　尊いお方のお通りだ」と大きな声で叫んだ。ハルモニの次男と孫たちも家長と同じ格好をして、急いで列に加わった。誰が結婚しているのかは髷を見ればすぐにわかった。というのは、その頃の韓国では子どもや独身の男は、髪油で結った長い弁髪を背中の真ん中に垂らしていたからだ。

行列のしんがりは男の従者たちで、墓を掃除するほうきや祖先の霊に供える酒、餅や蒸し菓子といった供物を運んでいた。そうして祭祀が終わると、近くに張った天幕の中で、祭祀に加わった一族の男たちが祭祀の供物を分かち合う直会《なおらい》を行った。

「ヨンド（龍頭）みたいな子に生まれたらよかったのにね」と、オクジャが羨ましそうに言いながら、おばあさんのそばに来て座った。オクジャには兄が羨ましかったのだ。兄が長男で、いつかは父親と同じように家長になるからではなかった。ただ男の子に生まれたヨンドが羨ましかったのだ。兄は、韓国では女の子に許されていないいろんなことができるからだった。家の外の通りを歩くこともできるし、春になれば山に遠足に行くことも、冬に風の吹く日には凧あげもできた。

オクジャはもう八歳だったけれど、内棟《アンチェ》の外に出ることは許されていなかった。普段は街の通りを見ることも許されず、ただお母さんといっしょに出かけるときに輿《こし》の窓のすだれ越しに眺めるだけだった。結婚しても、父の家から夫の家に移るだけで、今と同じように内棟で暮らし、時々夫のいる舎廊房を行き来するだけなのだ。

だからといって、韓国の小さな娘が不幸だったというわけではない。彼女の住む国にはいろんな慣習があったのだ。いつも忙しく働くオモニ（お母さん）と、ハルモニ（おばあさん）は、いつも何かすることや楽しんだりする方法を自分たちで見つけていた。内棟は楽しいところだった。女たちの住まい（内棟）の裏にある野菜畑で遊ぶことだってできた。オクジャは、内棟は荒《あら》くれた男どもの行きかう街の通りよりもずっと安全だということを知っていた。

オクジャもヨンドもおばあさんも、この物語のほかの人々と同じく「昔むかしの人」だ。西欧の考え方や新しい生活の仕方がアジアの国、この韓国に入ってくる以前の人たちだ。というのは、韓国は外国の商人や旅人を長い間ずっとこの国に入れることを拒んできたからである。韓国は「隠者の王国」と呼ばれていた。いろいろな国に囲まれながら、隠者として外の国から身を隠し、井戸の中の蛙のように閉じこもっていたので、海の向こうに広がる広大な世界のことは何も知らなかった。

「この〈小さな王国〉は二匹の犬の間に置かれた骨みたいなものよ」と、ハルモニはよく言っていた。彼女は孫たちに、「北と西に巨大な中国が、東には強い日本があってね、韓国を飲み込もうとしているのよ」と語っていた。韓国は、中国に贈り物として毎年毎年米を何千袋も、それに立派な絹も山ほど船で送り出して、平和に生きる自由を買っていた。貪欲な隣国の日本を近づけないためには、中国の助けを借りなければならなかった。ところがある時、日本が中国よりも強くなって、韓国を支配する力を身につけてしまった。

ハルモニが、ことあるごとに託宣を受けていた盲目の巫《みこ》（盲覡《もうげき》）が、「祖国が長い間日本の法律に従わねばならなくなる」と予言していたら、ハルモニは本当に悲しかったことだろう。それは第二次世界大戦によって韓国が解放されるまで続いたのだった。

韓国の古い名前「朝鮮」は「静かな朝の国」という意味だという。「明るい朝の国」のほうがいいという人もいる。その頃の金家のような家の暮らしは、今日の秋夕《チュソク》のように明るくて静かなものだった。

けれども、裕福な金一家の内棟《アンチェ》は決して静かではなかった。下女が砧《きぬた》を打つトントントンという音がいつも響いていた。この国では、女も男と同じように白い麻の衣装を着るのがふつうだった。大人は、短い白いチョゴリに長くて白いポソンか白い大きなチマだ。男の子や女の子は、薄い青や明るい緑やバラ色のような明るい色合いの衣装をつけた。そういう服は、きれいに洗って、砧で叩いてシワをのばさなければならなかった。

台所からもいつも音は聞こえていた。台所の窯がオンドルの焚口になっていて、そこに木の枝や葉っぱをたくさんくべて米を炊いていた。竈《かまど》の温かい煙が床下の煙道を通って、部屋をあたためる仕組みになっている。

旅人は寒くてお腹もすかしているから、そういう疲れた旅人がやって来て、床に油紙を敷きつめたオンドル部屋でくつろぐと、その暖かさが身に染みることになる。

「口は一つで、首三つはなあに」これはオクジャが好きな竈のなぞなぞだ。もちろん、口一つは竈の口だ。三つの首は竈から床下を通って暖気を送り、部屋中を暖める管（煙道）のことだ。

夕方の時を知らせる街の大鐘が鳴り響いた時に、家長の金弘集は馬をおりた。ヨンドと男の子たちはすぐにハルモニのいる内棟に走って来て、丘で拾ってきた紅葉を母親やハルモニに見せて、その日一日の出来事を話して聞かせた。

けれども、女たちは夫や息子たちの夕飯の支度で忙しかった。大きなお椀に湯気の立つご飯を盛り、小さな椀には煮豆や魚、それに辛いキムチをいっぱいに盛った。お椀はみんな銘々膳《めいめいぜん》に乗せて、お腹を空かした男の人たちの前におかれた。ご飯の後にはヌルンジ（オコゲのスープ）が出された。その当時の韓国では、牛は畑で鋤を引いたり荷物を運んだりするために働き、牝牛からミルクを絞ることはなかった。

女や娘たちが食事をするのは、男が食事を終えてからと決まっていた。それから家族は内庭《マダン》を横切って内棟のハルモニの部屋（内房《アンバン》）に向かう。舎郎棟の大庁《テチョン》と舎郎房《サランバン》は家長が来客に会うところで、広い部屋だった。

舎郎棟と内棟の奥にある祠堂《サダン》（祖霊の棟）はさらに立派だった。けれども金家の屋敷の本当の中心はハルモニの部屋だった。ハルモニは、内棟の自分の内房《アンバン》から、家族全員の生活を取り仕切っていた。年齢の上からも、家族に愛されていることからも、ハルモニこそが金家の本当の長だったのだ。

その頃のしきたりで、ハルモニの息子のうち三人は金一族の屋敷内で妻とともに暮らしていた。彼らの子どもたちはみなそこで育てられた。部屋の数は、一人一部屋割り当てても余るほどだった。ソウル一裕福な金家の屋敷は広かったのだ。藁葺家屋が並ぶ中で、金家の優美な瓦屋根は実に誇らしげに見えたものだ。

周囲の家に比べて金家のしっくいの壁はなめらかで、美しい障子窓は光をよく透した。真鍮で縁取りした布張りの衣装箪笥や刺繍をした屏風や掛け軸でも、金家よりも上等な品を持つ家はほとんどなかった。ハルモニは、亡くなった夫の輿に敷かれていた厚い虎の毛皮を特に大切にしていた。

大庁《テチョン》には名高い学者の見事な漢詩の額が掲げられ、家長の舎廊房には高価な書籍が収められていた。

「ヨンド、うちの一族にはいつも詩人や学者がいたんだよ」時々ハルモニはそう孫に言うのだった。「次はお前が家の誇りになる番だよ。おじいさんや曽《ひい》おじいさんのようにしっかり勉強して、ウサギの毛の筆で立派な言葉を流れるように書いておくれ。お前もパクサ（博士）になるんだよ。本当の「博士《パクサ》」にね。パクサになるということは幸運の龍に乗るということなんだよ、おちびさん。いつかお前も科挙の試験に合格しないとね。そうすればお前もえらくなって名も知られ、ひとかどの財産もできるのよ」

おばあさんは来る日も来る日もヨンドの勉強の面倒をみてやった。ハルモニは韓国の文字をもとにした「民衆の言葉」ハングルの読み書きができたのだ。息子や孫に勉強を教えたおかげで、ハルモニもまた古い中国の学者たちの言葉をたくさん学んでいた。ハルモニが子どもたちに語って聞かせたお話は、大庁《テチョン》に父親が掲げた漢詩のようにすばらしく聞こえた。

孫たちの名前を決めたのはハルモニだった。オクジャ（玉子）は「翡翠の子」という自分の美しい名前が大好きだった。なめらかに光る翡翠が一番貴重な石だということは誰でも知っていた。ヨンド（龍頭）は「龍の頭」と呼ばれるのを誇りに思っていた。龍は獣《けだもの》の中で一番華麗で、それにちなんだ名は幸運をもたらすとされていた。

ヨンドは、一番下の弟のような名前でなくてうれしかった。ハルモニは末の弟を「こぶたちゃん」と呼んでいた。それは幼児のあいだだけの名前で、「この子はさらって行く値打ちがない」と鬼神に思わせるためのものだ。彼らは、やがて成長すると、例えば「勇猛な豹」とか「大きな山」などという立派な名前に改名するのだ。

キセルに火をつけてみんなが暖かい床の敷物に座ると、家長の金弘集が今日の秋夕《チュソク》についてハルモニに話しはじめた。

「うちの墓はどれもいい場所にあります」と金弘集は話しはじめた。「南から日が沈むと、墓に行く途中の山は龍の背中が波打ってるように見えるのです。尾根の向かう側からこちらを覗こうとしても、それができる

ハルモニの語る
詩人や学者像

ような高い場所はないし、向かいの山はまっすぐどっしりそびえていて、まるで男どもがうちの墓を守るためにそこに差し向けられているようです。ご先祖様の霊をちゃんとお祀りすれば、われわれの人生は幸運なものになるのですね」

韓国人にとって、先祖を敬うことは生きている親を大事にすることよりも大切なことだ。金家の者は誰しも「龍の背に乗って天国に行く」者は三つある魂のうちの一つだけを持って行くのだと信じている。二つ目の魂は墓の中に留まっている。三つ目の魂は金家の屋敷の先祖を祀る祠堂《サダン》の白木の位牌の中で眠っている。一年のうちの決められた日ごとに、家長は長男を連れてこの位牌の前でひざまずいて先祖をお祀りした。額を床につけて、家に伝わる祈りの言葉を唱えるのだ。先祖をお祀りするこの儀式は必ず男子が行う。というのは、韓国では男子のほうが女子よりも大切だと考えられてきたからにほかならない。

オクジャとヨンドは、父親の言うことにはすぐに従った。二人は威厳のある父親をとても敬っていて、父親の言うことは家の中では法律と同じだった。父親は、子どものことはさして気にかけもしなかったし、子ども自慢だと受け取られるのを好まず、自分がどれだけ子どもらを大切に思っているかをおもてにあらわすこともなかった。

子どもらはおばあさんに呼ばれた時もすぐに走って行ったが、それはおばあさんのそばにいるのが大好きだったからだ。おばあさんのそばに座って、おばあさんが不思議なお話を記憶の宝庫から取り出しては聞かせてくれるのが一番の楽しみだったのだ。

ハルモニは古い古い中国の先生、孔子の物語をそらで覚えていた。お釈迦さまの冒険の話もできた。お釈迦さまは中国から山をいくつもいくつも越えた向こうにあるずっと昔のインドの人だった。けれども、孫たちが一番好きだったのは自分の国の精霊や動物のお話だった。おそろしい山の王の虎や、川にすむ優しい龍や、トッケビ（妖怪）、屋根瓦の下に隠れているいたずら好きの小さな鬼神のお話だった。

家でなにか災難が起きたら、子どもたちは、天国には決して行けないままでさ迷っているかわいそうなトッケビのせいにした。障子が破れた時、湯わかしの中に蓋が落ちた時、夕飯に炊いた米を焦がしてしまった時、そういうものはみんなトッケビのしわざなんだと子どもたちは考えた。「万が一トッケビに出会ってしまったらね」とハルモニは子どもたちに言った。「まっすぐに立ち上がって、自分はお前を上から見下ろしてるんだぞというふうに偉そうにするのよ。光る銀のかけらや赤い布切れや雷に打たれた木で作ったお守りを取り出せば、トッケビは逃げて行ってしまうわ」

金家の屋根の端にはおかしな生き物や鬼瓦が立っていて、悪い鬼神を追い払おうとしていた。竈の上の神棚には太った竈神の絵が掛かっていて、食べものに困らないように家族を守っていた。オクジャとヨンドは敷居を渡るたびに、もしもそこに家の守り神が寝ていても踏まないように気をつかったものだ。悪い鬼神だけじゃなくて良い鬼神もいることを子どもたちは知っていた。どちらがいるのかは知りようがなかったので、気をつけていなければいけなかったのだ。

ハルモニと孫にとっては、目に見えない生き物はすべて先祖の霊とおなじように本当に存在した。牛に変わった男や毛を撫でると米粒を出す猫や、将棋を指す山の神と出会った木こりの話をおばあさんから聞くたびに、孫たちは、それはみんな本当にある話だと思った。「これは私がおばあさんから聞いた話なんだよ。だから、本当の話に決まってるじゃないか」とハルモニはよく言ったものだ。

【解説】

フランセス・カーペンターの『ハルモニが語る朝鮮王朝末の暮らしと文化』は、ボッカチオの『デカメロン』と同じく極めて正確に時代を写した枠物語（最初と最後の話にはさまれた物語集）です。

この物語の語り手のハルモニと、オクジャとヨンドという二人の孫の住む広壮な屋敷の主人とされる金弘集《キムホンシップ》（Kim Hong Chip 一八四二〜九六）は、朝鮮王朝末の改革派の官僚（両班《ヤンバン》）で、王朝の支配体制の近代化を一挙に推し進めた甲午改革（一八九四〜九五）を主導しました。しかし、その直後に開国と近代化に動揺した朝鮮王の高宗の手によって解き放たれて暴徒化した民衆に襲われ、非業の死をとげます。

この冒頭の話でハルモニは、孫のヨンドに向って「いつかお前も科挙の試験に合格しないとね」と語っています。金弘集は甲午改革で科挙の制度を廃止して、新しい官僚体制と教育制度の改革を行っていますから、この物語のはじまりが一八九四年以前の、金弘集が制度改革の準備に腐心していた時代であることがわかります。

ハルモニたちが住む金弘集の屋敷は、おそらく「九十九間屋」という当時最大規模のものであったと思われます（当時は百間の韓屋《ハンオク》を建てることは、王以外には禁じられていました）。

こうした高位の両班の住む屋敷は、儒教の「男女有別」の思想によって、男性が生活する舎郎棟《サランチェ》と女性が生活する内棟《アンチェ》という二つの建物が厳しく分けられ、舎郎棟の中心である舎廊房《サランバン》には家長が居住して、内棟の中心である内房《アンバン》には女主人が居住し、外部の者（特に男性）は内棟に立ち入ることが出来ませんでした（次ページ参照）。

そして舎郎棟に住む男たちは、自由に外出し、外の世界で公務をはじめとする仕事や社交を行うことが出来ましたが、内棟の女たちは井戸や味噌・醤油・キムチなどの甕のならぶ醤甕台《チャンドクテ》のある内庭《アンマダン》を囲む壁の中の狭い空間に閉じ込められて、家事に専念し、外に出ることはめったになかったのです。

ボッカチオは『デカメロン』の冒頭で、一三四八年のペスト大流行について語りますが、カーペンターは、物語の最初の一日を、日本のお盆にあたる秋夕《チュソク》という祖先祭祀の機会にあてました。

韓国の伝統的な墓は、風水《ふうすい》にしたがって山の中腹の日当たりがよい場所に設けられた芝生の円墳です。祖先たちが眠るこの墓の場所は、自分たちが暮らす家よりも慎重に選ばれます。そ

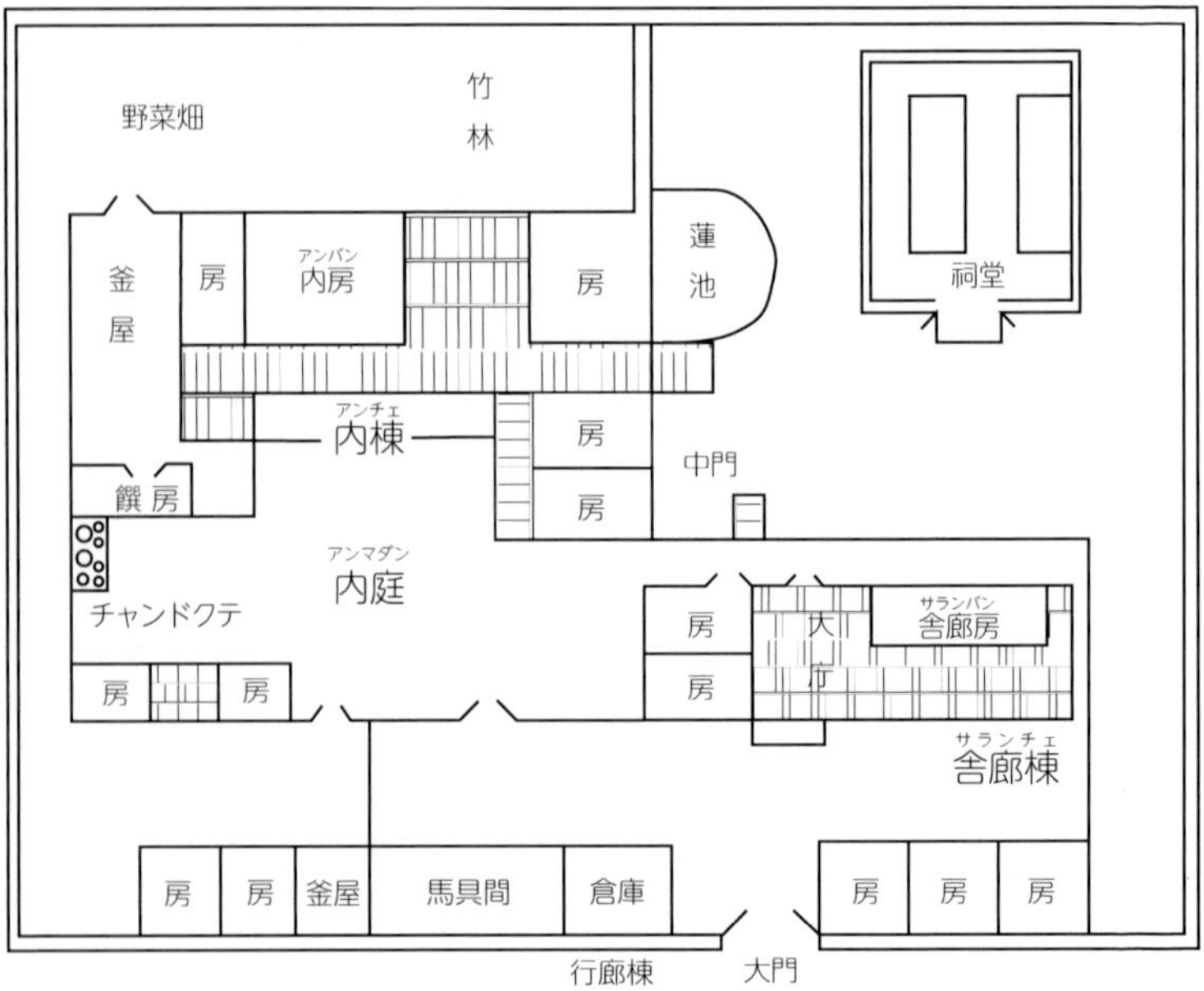

金家の模式図

れは子孫の命運が祖霊の守護の力で決定されるためで、祖霊が風水のよい「明堂（よい墓）」に暮らさなければ、子孫の繁栄はありえなかったのです。

韓国の死者（祖霊）は、四代祖までは子孫とともに自宅の祠堂に納められた位牌に祀られていますが、五代以上の祖先は家族を離れて日当たりのよい丘陵の円墳で祭祀を受けることになります。秋夕は、家族の男たちが五代以上の祖先の墓を巡って祭祀を行う大切な日なのです。金弘集一族のような名族の場合は祭祀も丁寧ですし、めぐる墓所も多いので早朝から夕刻に至るまで長時間の祭祀を重ねたものと思われます。

当時のソウルは城壁に囲まれ、東大

門、南大門、西大門などの門は、鐘路の中ほどにある鐘閣《チョンガク》（普信閣）の鐘が鳴り終わると閉ざされてしまい、たとえ金弘集のような高位の両班でもソウルの街には入ることができなかったのです。

カーペンターは、当時の暮らしをこのような細部まで紹介し、とくに当時の女たちの生活を語り尽くすために、この冒頭の話を用意したのだと思います。

秋夕の祖先祭祀

祭祀のあとの直会（なおらい）

2　明るい朝の国

ハルモニの部屋で、魚油の燭台の明かりを囲んでみなが話をしているあいだに、ヨンドは一人離れて、漆塗りの箪笥から自分の墨と墨汁と柔らかな兎毛《うのけ》の筆を取り出して、部屋のすみの低い机に座った。そして、白い巻紙の上におおいかぶさるようにして、一心に何か書きはじめた。そして、ヨンドが仕上げた書を手にして、おばあさんのそばに近づくまで、彼が何をしていたのか誰も気がつかなかった。

「ハルモニ、今日、山でお祀りをする間に、ご先祖様のためにこの詩を考えたんだよ。ここに書いたから見てくれますか」と、少し恥ずかしそうにヨンドが言った。

金《キム》家の人々は、何かあるたびに、大人も子どもも詩や歌を作ることを好んだ。詩は春に咲く花のようなものだと言われていた。詩も花も、どちらも楽しみをもたらしてくれるというのだ。ヨンドは、いまや子どもたちの間で一番の詩の名手になっていた。ハルモニの部屋の壁にはいくつか詩が架けられていたが、ヨンドの詩がいつもその中にあった。

野鳥のうちの鳳《おおとり》のように、

野獣のうちの虎のように、
天の下知ろしめす陛下の宴に
集う人々のうちであなたは輝く

ヨンドが家族の前で自分の短い詩を読み上げると、「とても上手だわ、若い博士《パクサ》」とハルモニは声をあげて祝福した。「男の人たちが東明（東方の光）と呼んでいた弓の達人の朱蒙《チュモン》みたいに、見事に的を射抜いたわね」

「お話を聞かせてよ、ハルモニ」と、おばあさんの優しくきらきら輝く目を見上げながらオクジャがせがんだ。ご先祖様を特別にお祀りするこの季節には、おばあさんは国のはじまりや韓国人の最初の先祖の話をするのを好んだ。そこには、いつも金という名前の人たちが登場した。なぜなら、誰もが知っているように、金一族は国中で一番古くて格式が高い家柄のひとつだったからだ。

さぁ、お父様が舎廊房に帰られるわ。お話を聞かせてあげましょうね。最初に檀《まゆみ》の木の王、檀君《ダンクン》のことを話さねばならないわ。檀君は弓の達人朱蒙よりも早くにやって来たのよ。それは、私たちの国が海の中から現れた、ほんのはじめの頃のことよ。万を数える高い山を背中に乗せて、私たちの国は大きな龍のように波を起こしながら、地上に姿をあらわしたのよ。

その頃は、不思議なことがたくさん起きたの。檀君は、天から下った天人で、美しい熊女の息子でね、父親はハノニム（天帝）桓因《ハンイン》の実の子桓雄《ハンウン》だと言われているわ。桓雄は地上におりてくる時に精霊の友だちを何千も連れてきて、その中には風の王や雨の支配者、雲使いがいたの。そして桓雄は大きな白檀の木の下に宮廷を設けたの。宮廷には、精霊たちがみんな残っていて、精霊は、その頃地上をうろついていた野蛮な姿の未開人たちとは姿が違っていたのよ。

そんなある日、雌の熊と虎が白頭山《ペクトサン》で出会ったのよ。頂《いただき》の向こうの北の空には雲がかかっていたわ。熊と虎が話すことには、どちらも一番の望みは人間になって二本足で歩くことだと言うのよ。突然、雲の中から声がしてこう言ったの。「ニンニクを二十と一個食べるだけでよい。そうして二十一日のあいだ太陽から身を隠すのだ。そうすれば望みがかなうだろう」。

虎と雌の熊はニンニクを食べて、陽の光を避けて暗い洞穴の奥にもぐりこんだの。ところが、虎は落ち着きのない獣《けもの》だから時が経つのをとても長く感じたの。そして七日が過ぎる頃にはもう待てなくなって、お日さまの光の下にあわてて出て行ってしまったの。それで虎は今でも獣の姿のまま、四つ足のままで狩りに出なければならなくなってしまったの。

雌の熊はとてもがまん強かったわ。熊は丸くなって七日間を三回眠り続けたの。二十一日目の朝に洞穴を出て行って立ち上がり、私たちのように二本足で歩いたのよ。毛むくじゃらの毛皮が脱げて、熊は美しい女の人に変わったの。

美しい熊女が一休みしようと白檀の木の下に腰掛けていた時に、天人の王桓雄が彼女を見かけたの。桓雄が熊女に息を吹きかけると、やがて一人の子どもが生まれてね、何年か過ぎると、凛々しい若者に成長したその子があの白檀の木の下に腰掛けていることに未開の人間たちが気づいたの。そうして若者を「白檀の王さま、檀君」と呼んだのよ。未開の人間たちは、若者を自分たちの王さまにして、その言葉をよく聞いたのよ。

その時代の九つの部族は、とても野蛮な未開人たちだったのよ。まるで鬼神みたいに、夏は木の下で暮らして、冬になると地面に穴を掘って、すみかにしたのよ。髪を束ねて髷を結うことも、布を織って服を着ることも知らなかったし、自分の妻を見知らぬ男の視線から遠ざけることも知らなかったの。美味しいお米やキムチの作り方も知らなかった。食べる物といえば、森で見つけた苺のような果物や、野生の木の実や、草の根だったの。

ハルモニは話を少し休んで、お気に入りの蜂蜜を溶かした水を飲んだ。そして、またお話を続けた。

檀君はこの野蛮な未開人たちに、木を伐り倒して、開墾した土地で穀物を育てることを教えたの。それからお米の炊き方や、家の暖め方も教えたの。檀君に教えられて、野蛮人たちは草の繊維から服を作り、髪を梳かして、男の子や女の子は三つ編み、大人の男は髷、結婚した女は巻き髪にすることを覚えたの。こうしてこの龍の背の国（韓国）で、人々は便利な暮らしができるようになったの。

檀君は千年以上もこの国を賢くおさめたと、アボジ（お父さん）から聞いたわ。檀君の後に、二人目の王さまの箕子《イジャ》がやって来た時には、この国の人たちはもう大きく成長していたの。箕子は、白頭山の向こうの中国から鴨緑江《アムノッカン》を越えてやって来たのよ。

「その時、檀君はどうしたの、ハルモニ」とヨンドがたずねた。

「いい子ね。箕子が来た時には、もう檀君の仕事は終わっていたの。檀君はまた天人に戻って天国に帰ったのよ。

　でも檀君がおじいさんの天帝桓因を称えるために作った祭壇が、北の方のずっと遠くの山にまだあるそうよ。

　ヨンドは「韓国の父」と呼ばれた箕子のことをよく知っていた。

　ヨンドの持っている歴史の本には、箕子は三千年以上前の中国の位の高い役人だったと書かれていた。その当時、玉座にあった中国皇帝の圧政の下で、箕子はとても不幸せな境遇に置かれていた。そこで箕子は、配下の人々がもっと安全で平和な暮らしができるような王国を見つけようと旅立った。

　箕子の旅には五千人の忠実な中国人が同行したの。なかには医師がいて病気を直し、学者は無学な人たちを教えたの。職人や大工は街を作ってみせたし、悪い鬼神を遠ざけるにはどうすればいいか知っている占い師や呪術師もいたわ。書物や絵画や楽器も持ってきたし、絹を作る大事なカイコもいっしょに持ってきたの。箕子は自分の新しい臣下たちには「五つの法」を与えて、自分や仲間が果たすべき義務を教えたの。

「黄金時代だったのよ」とハルモニがきっぱりと言ってうなずくと、彼女の首筋までのびた黒髪の銀と珊瑚の簪《かんざし》が、ランプの明かりにきらきら光った。「旅人は道中で盗賊に襲われることもなかったし、夜の間も門を開いたままでよかったの。誰もが隣人に礼儀正しくて親切だった。ええ、その時代に生きることは、素晴らしかったでしょうね」

箕子の墓は今でも場所がわかると思うわ。檀君が造った首都の平壌《ピョンヤン》に近い牡丹峰《モランボン》からそれほど遠くないところよ。檀君が最初の船をつないだという石柱と、箕子の井戸が、いまでも平壌の街の門外にあるわ。

平壌は船の形に造られていると言われていたの。そして船の底に穴をあければ沈んでしまうことは誰でも知っていたから、当時は、船の形をした平壌には井戸を作るのは禁じられていたの。だから、平壌の人たちは、遠く離れたところから水を運んでこなければならなかったのよ。

「でも弓の達人の朱蒙《チュモン》はどうだったの、ハルモニ」とオクジャがたずねた。この子は朱蒙の話が一番好きだった。おばあさんの話だと朱蒙の姓も金だった。

ええ、朱蒙は箕子と同じように、白頭山のふもとの鴨緑江を渡ったのよ。朱蒙も私たちの国に良い暮らしを伝えたわ。金という古い古い名前は朱蒙にさかのぼるのだと私のおばあさんがはっきり言ってたわ。こんなお話よ。

とても古い時代、韓国がまだ小さな王国に別れていた頃に、男の子ができないと嘆いている一人の王さまが北の方にいたのよ。ある日、狩りの途中に王さまは深い森の中の小川のほとりにひざまずいて、男の子を授かるように玉皇大帝にお祈りしたの。

王さまが立ち上がって乗ってきた馬のもとに引き返した時、馬の目から大きな涙の粒があふれるのを見て、王さまはびっくりしたのよ。馬が道の脇にあるものすごく大きな灰色の岩を前脚で何度も何度も蹴ると、岩は突然動いたので、馬は岩を転がしてどけたの。

その岩の下には、黄金色の肌をした小さな男の子が寝ていたの。王さまは、それを見てびっくり仰天して大喜びしたの。男の子は黄金色の肌をしていて、石の下に寝ていたので、「金蛙《クムワ》」つまり「黄金色のカエル」って呼ばれたよ。王さまは、天が不思議な仕方で送り届けてくれたこの子を、大切に育てたの。

北の王国の王さまの位を継いだのが金蛙よ。金蛙のお屋敷ではある日信じられないことが起きたの。お妃の一人が庭の小川のほとりに腰かけていたら、小さな雲がだんだん自分に近づいてきて、お妃の着物の内に流れ込み、卵になったのよ。

雲の卵がかえると、王さまの前にかわいい男の赤ちゃんが現れたけれど、王さまはすごく怒って、「この子は魔物の子にちがいない。イノシシにでもくれてやろう」と叫んだの。けれども、獰猛なイノシシはその子を傷つけなかった。イノシシたちはクークー鳴く鳩みたいに優しくなって、夜の寒気が悪さをしないように、暖かい息をその子に吹きかけたわ。

つぎに王さまは、「魔物の子どもは猟犬どもにくれてやろう」って叫んだの。けれども、歯をむき出して唸っていた獣は、やっぱりおとなしくなったの。猟犬は小さなその子の顔や手を舐めて、息を吹きかけてその子を暖めたの。

この不思議な子どもがおそろしくなった王さまは、つぎに「荒馬の群れの中にこいつを放り込め」って命じたの。けれども荒馬もまたこの子に優しく息を吹きかけて、牝馬は自分の温かい乳をあげたの。

「なにをしてもこの子は死なない。これは玉皇大帝のご意思にちがいない」と、ついに王は諦めて「この子を産んだ母親は、この子をわれわれの子として育てなければいけない」と考えた。

その子の美しさと賢さには誰もが目を見張った。その顔は光り輝いていたので、みんなはその子を「太陽の子」とか「朝日の輝き」と呼んだわ。それは「東方の光（東明）」という意味だったの。動物にはいつも優しくて、王さまの馬を扱うことにかけては特別な才能があったわ。それで、その子は王さまの厩舎の主人になったのよ。

けれども何にもましてみんなが驚いたのはその子の弓矢の腕前よ。ヨンド、あなたの歳でこの子は飛んでるツバメを射落とすことができたの。十五の時には、飛ぶように走る鹿を仕留めたり、高い雲の中を飛んでる野鴨の目を射ることができたの。こんな子は私たちの国の八道には、他に誰もいなかった。その子は「朱蒙」とか「弓の達人」と呼ばれたのよ。

朱蒙は申し分なく男前で、優しくて技にも長《た》けていたの。王国の誰もが、王さまのどの息子よりも朱蒙が好きだった。嫉妬深い兄弟だけが朱蒙を嫌っていたの。

ある日、朱蒙はお母さんから兄弟が彼を殺そうとたくらんでいると聞いたのよ。

「逃げなさい、弓の達人朱蒙。お前は今夜逃げなさい」ってお母さんは警告したわ。

そこで、朱蒙は味方の王族を率いて王宮を秘かに抜け出したの。琥珀色の月の光の下を、朱蒙たちは南を目指して馬を走らせた。白頭山の頂きを朝日が金色に染めた時、朱蒙たちは鴨緑江の青緑色の流れに行く手をはばまれた。みんなが驚いて馬を止めると、追っ手の馬の足音が響いてきた。

朱蒙は、「聴きなさい、我が友よ。耳をすましなさい。追手が迫りくるのがわかるだろう。もう、すぐそこまで来ている。川の龍の助けを呼ぼう」。そう言うと朱蒙は弓を引いて川の流れの中に矢を三本放ったのよ。

その矢は、一直線にまっすぐ飛んで行ったわ。そうしたら青緑色だった川は黒く変わったの。それはね、何千匹もの魚の背中の色だったのよ。魚はお互いにぎゅうぎゅう押し合って、朱蒙と仲間たちが楽に渡れるくらいの、頑丈な橋になったの。兄弟たちの馬が岸に駆けつけた時には、魚たちはもとにもどり、橋は跡形もなくて、朱蒙と仲間たちは命拾いしたのよ。

南に向かって旅を続けた朱蒙は、やがて親切な人たちに出会ったの。その中の三人が案内役として朱蒙といっしょに行くことになったの。その一人はこの新しい土地の漁師の姿で、二人目は農夫と、道具を持っていた職人の出で立ちをして、三人目は刺繍のついた服を着た役人の姿だったの。みんなは朱蒙を歓迎して、自分たちの王さまにしたのよ。

朱蒙の王国では、乗馬の名人や弓の名人がおおぜい生まれたの。髷というものを考えたのも、お椀とさじと箸を使ってお行儀よく食べるのを人々に教えたのも朱蒙だと言うわ。

彼の王国でみんなが優しく平和に暮らして、その王者の名声は外国にも広がった。その後ずっとたってから、人々は朱蒙（東明王）にちなんで、この国の全土を「東明（朝の光）の国」と呼ぶようになったと伝えられているの。「朝鮮」という私たちの国の名前には、「朝の光の国」という意味があるのよ。

【解説】

ここでハルモニが最初に語るのは、檀君、箕子、朱蒙という韓国の建国に関わる三人の英雄の神話です。いずれも『三国史記』（一一四三～一一四五年）や『三国遺事』（一二八〇年頃）を初めとする史書の記述に基づいています。

最初の檀君の神話は、降臨した天孫と人間に生まれ変わった熊女の異類婚姻譚で、今日の韓国の歴史教科書では「古朝鮮」にまつわる話として紹介されています。

この話は、高級官僚であった金富軾《キムブシク》が王命を受けて三国時代から統一新羅までの歴史を正史として記述した『三国史記』には登場しませんが、正史には見られない民間の伝承を多く収めた僧・一然の『三国遺事』の冒頭を飾ることになりました。

一然によれば、檀君は王倹と名乗り、中国の堯から五十年後に平壌に都を定めて一五〇〇年のあいだ国を治め、未開であった人々に様々の文化を伝えたことになっていますが、さすがに現在の歴史教科書はこれをそのまま伝えることはできません。そこで「檀君王倹とは当時の支配者の称号」であり、その称号は歴代の王に受け継がれたとしています。

ハルモニの語りによれば、檀君の治世が終了すると、やはり賢明な君主・箕子が中国から、医術をはじめ優れた技術と知識を備えた配下を引き連れて韓国にやって来て、檀君と同じく平壌に都を定めますが、この話も『三国史記』には見られません。

しかしながら、歴史的な存在が疑われた檀君とは違い、中国から様々な文化を伝えたことが歴史的な事実とされた箕子は、とくに仏教を排し、儒教を擁し中華文明を至上とした朝鮮王朝（李朝）で「中華文明を朝鮮に伝えた聖人」とされ、箕子の都とされた平壌には祠堂が設けられ、箕子の墓とされる箕子陵が残されることとなりました。

水を売る商人

「箕子が平壌を舟形に造ったので、船底に穴を開ける〈井戸〉を平壌の街に掘ることができない」という民間信仰が後々まで伝えられ、ハルモニがこの話を語った時代にも、桶をかついだ水売りの姿が平壌に残っていたものと思われます。

ところが、金弘集の甲午の改革を経て、両班の制度が廃され、儒教的な統治システムの改革が進行すると、先進的な中華文明をもたらした箕子に対する信仰は薄れ、その姿は現代韓国の歴史教科書からはほとんど姿を消してしまいます。そして平壌の箕子陵も「封建的支配階級の事大主義の産物であり、朝鮮民族に対する侮辱」であるとされて、一九五九年に金日成の指令により破壊されてしまいました。

ハルモニが語る三つ目の朱蒙の神話は、『三国史記』と『三国遺事』の双方に詳しく語られた高句麗の始祖神話です。この神話は、異常誕生を二度繰り返す複雑な構造になっています。第一の異常誕生は、高句麗の北に位置した古代の扶余国の王・解夫婁《ヘブル》の嗣子の金蛙《クムワ》です。金蛙は、後継ぎのいない解夫妻が天に祈り、大きな石の下から得た子どもですが、金色の肌をした蛙の形をしていました。

第二の異常誕生は、この金蛙が成長して北国の扶余を離れて「東扶余」を建国した後に得た朱蒙です。朱蒙は、金蛙王が出会った河伯（河の神）の娘・柳花が、日光に感生して生んだ大きな卵から生まれます。朱蒙は長じて弓の名手となりますが、金蛙王の息子たちに疎まれて東扶余を脱し、高句麗を建国し、初代の王となり、その偉業によって「東明聖王」の呼称を得たとされます。

こうした異常誕生譚は、『三国史記』と『三国遺事』に記された新羅の始祖・赫居世《ヒョッコセ》、第四代の脱解王《タルヘ》、新羅の王族で金氏の始祖の金閼智《キムアッチ》にも見られます。

建国の始祖や優れた王が、卵から生まれたり、異類との婚姻によって誕生する話は、世界各地に見られ、日本でも天皇家の祖である神武天皇《カムヤマトイワレヒコ》が、祖父にあたるホオリノミコト（山幸彦）と異類のワニである龍宮の豊玉姫と結ばれて誕生したウガヤフキアエズの息子であることが『古事記』と『日本書紀』に記録されています。

このハルモニの語りが、不思議な卵から生まれた弓の名人・朱蒙（東明聖王）が、朝鮮（東が明るい朝の国）の始祖となったという、孫たちへの教えによって締めくくられていることも、数多く世界に語り伝えられる王の誕生譚の一つと言えます。

3　箕子《イジャ》の陶器の帽子

秋夕《チュソク》からそれほど日の絶たたないある日の午後、内棟《アンチェ》にいたオクジャやほかの者たちは中門の向こうから聞こえるやかましい声に驚かされた。泣き叫ぶ声を聞いて、内房のわきのマル（板の間）に出てきたハルモニたちは、ヨンドに「舎廊棟《サランチェ》まで走って行って、何が起きているのかを見ておいで」と命じた。

「けんかしていたんだよ、ハルモニ」息を切らせて戻ってきたヨンドがそう言った。「馬丁のソと、昨日の夜に門の中に入ってきて鞍を盗んだ泥棒の行商人がもめていたんだ。オクジャも見にくればよかったのに。お互いに髷をつかみ合って離そうとしないんだ。泥だらけになって地面を転げ回っていたよ。行商人の方が負けそうになってきたところで、チョン・ヨン叔父さんが最後に止めに入ったんだ」

本当にけんかばかりね。とハルモニはうんざりしたように白くなった頭を振りながら言った。これじゃ、王さまはもう一度陶器の帽子を出してこなければいけないわね、箕子がしたように。

「陶器の帽子って何なの、ハルモニ」ハルモニのそばの縁側の階段にいきおいよく腰をおろすと、ヨンドはたずねた。ヨンドは、まだ息をきらしていたが、おばあさんの不思議な言葉に、何かお話がありそうだとも思っていた。

「陶器の帽子だなんて、割れてしまわないの」とオクジャは口をはさんだ。

そうよ、いい子ね。王国のみんなが陶器の帽子をかぶらなければいけないという命令が出たのは、それが割れやすいからだったのよ。箕子が王さまの時だったと思うけど、もしそうでなければ、箕子の後を継いだ四十人の王さまのうちの誰かの時かもしれないね。とにかく、男たちが今よりもずっと乱暴だった遠い昔のことよ。

その頃は、お互いの髷を引っ張りあうようなけんかが、しょっちゅう起きていたわ。近所の者どうしがけんかするだけじゃなくて、悪者の仲間どうしが戦うこともあったの。たかが蚊一匹と戦う時にでも、男たちは棍棒を振りまわしたわ。街の通りでも田舎の道でも、外を出歩くのは危なくてしかたなかったの。

そういう困った時代だったから、箕子は男たち全員に「陶器の帽子、素焼きの粘土でできた帽子をかぶるべし」という命令を出したのよ。帽子の大きさは直径二フィート（六十一センチ）と決まっていて、きのこのような形をしていたから、すっぽり耳を覆ったのね。

それにはもちろんわけがあったのよ。けれども、それについては後で話すわね。

藁で帽子の骨組みを作って、それに湿らせた粘土を薄く広げるのよ。それから窯で堅く焼きしめるの。台所にある磁器のお椀と同じようにね。

オクジャが言ったとおり、もちろん陶器の帽子はかんたんに割れるわ。陶器の帽子が重ねてあれば、その上に一番軽い壺を乗せただけで、帽子は粉々になって飛び散ってしまったでしょうね。そんな帽子をかぶっていれば、男たちはけんかしようにもできなかったのよ。

「そんな帽子なんか、みんな脱いでしまってもよかったのに」と、ヨンドが現実的な意見を言った。

だめなのよ、お利口さん、それだと法律に違反してしまうわ、とにっこり笑ってとハルモニは答えた。陶器の帽子は、値段もすごく高くてね、失くしたり割ったりすれば大変なことになったのよ。それに、もし大事な帽子を壊せば罰金を払うだけではすまなくて、牢屋に入れられて、ひどく叩かれなくてはならなかったのよ。

だから、王さまの計画はとてもうまく行ったわ。おかげで髷は大きな陶器の帽子にすっぽり隠れているし、男たちは自分の屋敷の外には帽子なしでは出ようとしなくなって、けんかをする機会がなくなったのよ。箕子の陶器の帽子のおかげで、乱暴で手に負えなかったこの国に、もういちど平和がもどってきたの。

「それに帽子の形もよかったんだね、ハルモニ」とオクジャが言ったので、おばあさんは思い出した。

そうね、オクジャ。帽子の形もよかったわね。ご近所の李《イ》さんのお父様が、去年、龍に乗って天国に行かれた後、喪に服している李さんがずっとかぶっていた帽子みたいに、つばが天蓋みたいに大きな帽子だったからね。誰かの耳にそっと隠し事を囁こうにも、つばがじゃまになってできなかったのよ。王さまは謀反を起こそうとするたくらみがいくつもあるのを知っていたの。陶器の帽子のおかげで、そんなたくらみが起きても密偵が聞き逃すことはないと、王さまは自信を持つことができたのよ。

みんなは大きくてやっかいなそんな帽子は嫌いだったから、小さくしてくれないかと思ったのよ、とおばあさんのお話は続いた。

でも、その大きな帽子のおかげで命拾いした男の話もあるのよ。それは春の初めの頃のことで、川にはまだ一面に冬の氷が残っていたの。その氷を歩いて渡ろうとした一人の男が、氷の薄いところで川に落ちてしまったの。その男は、かぶっていた帽子の大きなつばが氷の穴に引っかからなければ、おぼれ死んでいたでしょうね。まるで魚の骨に蟻が群がるみたいに、川の土手に人だかりができたの。その男の息子は、氷の穴に両手をねじ込んで、帽子を引っ張ってお父さんを引っ張り出そうとしたけど、村のお年寄りが大声をあげたの。

「待てまて、帽子を引っ張るんじゃない。帽子のひもが切れて、本当におぼれてしまうぞ」

その賢いおじいさんは息子にこう言ったの。「大きな陶器の帽子のてっぺんを割ればお父さんの髷をつかめるぞ」ってね。角みたいに固く突き出している髷は、つかむのにとても都合がよかった。髷をぐっとつかんで、息子はお父さんを無事に水から引き上げることができたのよ。

おばあさんが一息つくと、ヨンドは「陶器の帽子はそれからどうなったの、ハルモニ」とたずねた。

きっと帽子は、おしまいには全部割れてしまったのよね。それとも、みんなは帽子をひっくり返して、米や大豆を入れるのに使ったかもしれない。

帽子を作っていた職人は、お客を喜ばせるために、まず粘土を藁にかぶせるのをやめたのよ。次に帽子をだんだん小さく軽くしていったの。

その頃には、男たちのけんかはおさまって、仲良く暮らすようになっていたので、王さまは陶器の帽子の法律を取り下げたの。

馬の毛を編んだ帽子をかぶって
将棋をさす両班たち

けれども男たちの帽子は、今でも大切な髷を隠せるようになっている。男たちが家の外だけじゃなくて中でも帽子をかぶっているのは、そういうわけなのよ。

馬丁のソが、悪い行商人と髷を引っ張りあった話は、男たちが帽子をかぶらずに家の外に出たらどうなるかを教えてくれるわね。ヨンドは、質の良い馬の毛を編んで作った、黒くて背の高い帽子に憧れていた。お父さんや叔父さんたちがかぶっているあの帽子だ。

ヨンドは帽子をちょっと持ち上げてみるのが好きだった。帽子は信じられないくらい軽かった。「鳥の羽より軽いんだよ」と、ヨンドはいつもオクジャに話した。じっさい、お父さんたちの帽子は一オンス（約二十八グラム）ちょっとの重さしかなかった。

天気の良くない日には、子どもたちは、よく父親の帽子の雨除けを屋敷に取りに走らされたものだった。ほんのわずかな湿気でも、ピンと立った帽子の冠の形を歪めてしまう。帽子の雨除けは、細かいヒダのついた油紙でできていて、小さなテントのような形をしていた。金弘集は、それをいつも袂《たもと》に入れていて、雨が降るとすぐに取り出すようにしていた。

ヨンドは、父親が帽子の下にかぶっている洒落た薄い布の被り物にも憧れていた。その被り物の真中にあいた穴からは、見事な髷が立ち上がっていた。多くの両班がするように、金弘集は時々、髷に小さな銀の髪留めをつけていた。それは髷をつかみに来る悪い鬼神を追い払うためのもので、翡翠や琥珀やトルコ石の飾りがつくこともあった。

貫禄ある頭に帽子をしっかり留めているあごひもの琥珀の玉は、帽子の主が大人物である印だった。一般の男は、細くて黒いあごひもをつけているだけだった。

ヨンドは、自分のような十歳の男の子が背中に女の子のような長いおさげ髪を垂らさねばならないことを、気にしたことはなかった。父親や叔父さんたちは、櫛で梳いたり油をつけて手入れをしなければならない長い髪を煩わしく思うことがあったが、ヨンドは長い髪を少しも苦にしていなかった。

ヨンドは、自分も大きくなって結婚し、髪を上げて立派な髷を結う日が来るのを待ち望んでいた。その日は「佳き大安の日」として占い師が決めるのだ。その日は儀式の間に家族全員が集まり、金弘集が家長として息子の長いおさげ髪を解く。それから家長は息子の髪を梳き上げ、しっかり結いつけて、ひもで止める。馬の毛の帽子をつけ、新しい白いトルマギ（外套）を着たヨンドは、先祖の位牌に礼拝し、成人したことを告げる。儀式が済むと、ご先祖さまと家族と、祝福に訪れた友人たちとともに祝宴が催される。

もし誰かが「どうして髷がそんなに大事なのか」とたずねたら、ヨンドは驚いてこう答えたことだろう。「それが習わしだからですよ」四千年以上にわたって先祖が決めた暮らしを守ってきた韓国では、理由はもうそれだけで十分だった。

【解説】

これは、檀君に続いて韓国を治めた箕子《イジャ》の時代のエピソードです。箕子は中国から礼儀・農業・田作・養蚕・機織など様々の文化や技術を伝えた文化英雄ですが、特に「犯禁八条」という刑法を伝え、国家統治の秩序をもたらしたことで知られます。

この「箕子の陶器の帽子」も、「帽子の着用によって争いを避ける」という法と秩序の確立の話です。

ここで語られるように、朝鮮王朝時代の韓国の人々にとっては髪型と帽子は位階秩序をあらわす大切な記号でした。

とくに男子の髪型は、未婚の者は長髪に留まり、結婚したり成人式（冠礼）を経た者だけが長髪を結い上げて髷をつけることが出来ました。繊細な馬の毛でつくった「カッ」という帽子は両班と庶民を区別する機能を果たし、同じカッであっても翡翠や銀などの高価な装飾をつけることは、高位の者にしか許されていませんでした。

こうした髪型や帽子の示す位階秩序は、朝鮮王朝の封建支配の象徴でもあったので、金弘集が主導した一八九四年の甲午《カボ》改革、一八九五年の乙未《ウルミ》改革で「科挙と両班の制度の廃止」に続いて「断髪令」が発せられ、終焉を迎えます。

しかし、この「断髪令」という誰の目にも明らかな身分・秩序の変革は、両班・庶民にかかわらず圧倒的多数の人々の反発をよび、改革の主導者・金弘集の惨殺という悲劇を引き起こすことになりました。

なお、この「箕子の陶器の帽子」という話は、人気がありよく知られていたらしく、孫晋泰もその『朝鮮民譚集』（一九三〇年）のなかに「玄笠の由来」として次のような話を紹介しています。

「人間がまだ衣物を着ることを知らなかった昔は闘争が非常にはなはだしかった。その戦争を止めさせるために壇君（或《ある》いは云《い》う箕子）は人民に命じて土製の冠物を被るようにし、もしその冠物を破るものがあれば厳罰に処すべき旨をいいわたした。それより、人々は闘争を慎むようになったという話である。そして今日の玄笠は昔の土冠から発達したものであるという」

ここで孫晋泰のいう「玄笠」というのは、「サッカッ」という庶民もつけた幅広の笠のことだと思われます。

4　犬と猫が友達になれないわけ

ある暖かな秋の午後、おばあさんが新年の餅に入れる松の実を選り分けているのをオクジャが手伝っていた時、犬の鳴き声が舎廊棟《サランチェ》から聞こえて来た。

「なぞなぞよ、ハルモニ」とオクジャが言った。

「聞こえてるわよ、オクジャ」と、おばあさんは、可愛くて仕方がないというふうに孫に微笑みかけた。

「このお家の中でいちばん先にお客さんをお迎えするのは誰でしょう」

「お前のお父さんじゃないのかい。この家の家長なんだから」ハルモニは、ずいぶん考えたようなふりをして答えた。まるで、オクジャのなぞなぞを初めて聞いたかのように振る舞った。

「ちがうわよ、ハルモニ。それはアボジじゃないわよ。お家の主人がお迎えするのは、お客様が舎廊棟に入ってきてからのことよ」

オクジャはおばあさんがすぐに答えを当てられなかったのでご機嫌だった。

「門番の朴《パク》さんじゃないのかい」

まるでなぞなぞに引っかかって困ったかのように、象牙色のきれいな眉をしかめてハルモニは答えた。

「ねぇ、ハルモニ、教えてあげましょうか。それはね、犬よ」

「そうね、たしかに犬ね」ハルモニは黒い髪を揺らしながらうなずいた。

「犬が本当の門番だわね」

キム家の誰もが名前をつけず、ただ「犬《ケェ》」と呼ぶ毛の長い猟犬は、ほとんど一日中、昼も夜も竹の大門のそばに掘った穴から体を半分出して寝ている。穴から首をぐいと伸ばして、家に近づく人をまっさきに見つけて吠えるのだった。

年とった朴じいさんよりも、犬のほうがずっとまじめに門番の仕事をしていた。朴じいさんは大門の脇の詰所でいつも居眠りしていた。

犬はもちろん、近所の人が何か食べものの残りを捨てていないかと、時どき外の通りを漁りに行ったり、鳥や野良猫に吠えかかって持ち場を離れることもあった。

中門を走り抜けて内棟に飛び込むのが、犬の今日の最後の遊びだった。背の高い甕のまわりを茶色い犬に追いかけられて黒猫が走りまわる。跳び板の上や下を走りまわった末に、犬と猫はヨンドといとこたちが忙しそうに正月にあげる凧を作っている庭の隅に入り込んだ。

「こらこら！　犬、こっちにおいで」とヨンドが強い声で叱りつけた。それからヨンドは自分もその追いかけっこの仲間に入り、やっと犬の首ねっこをつかまえると、黒猫が内棟《アンチェ》の向こうの野菜畑の安全なところに逃げ込むまで、押さえていた。

この子たちは黒猫がかわいそうだと思ったわけではなかった。それより、ヨンドは庭に凧作りの大事な材料を広げてあったのを、壊されるのが心配だったのだ。

金《キム》家の人たちは、良い見張り番だということでこの犬が好きだった。けれども、それは西欧の室内犬などとはまったく違う犬だった。

黒猫のほうはというと、しょっちゅう塀を乗り越えてやってくる暴れ者だった。オクジャは飼い馴らそうとしたことがあったが、黒猫はフーっと唸って爪を立ててきた。

「犬と猫はどうしてあんなにけんかするのかしら」とオクジャは松の実を入れた盆を前にしてハルモニを見上げて言った。

「その話は、むかしオモニがよく話してくれたわ」とハルモニが言った。「これからそのお話をしてあげるわね」

ヨンドといとこたちは、ハルモニのお話がはじまりそうな気配を感じて、その前におばあさんの足元に凧をつくる紙や竹の棒と糊の壺を持ってやってきた。

さあ、これから私がするお話の中の犬と猫はね、大きな川の船着場のそばの土手にあった小さな酒屋に飼われていたの。酒屋の主人のコーじいさんには妻も子どももいなかった。コーじいさんは、この犬と猫しかいない小屋に一人で暮らしていたのよ。犬と猫はよく馴れていて、いつもおじいさんのそばにいたの。おじいさんが店でお酒を売っているあいだ、犬は入り口で番をして猫は物置でネズミを捕まえていたの。おじいさんが土手を歩けば、二匹はそばについてきたわ。暖かい寝床で寝る時には、二匹はおじいさんの背中のところにもぐり込んできたの。その頃、犬と猫はとても仲の良い友達だったのよ。思いがけないことが起きて、猫が悪さをするようになるまではね。

コーじいさんは貧乏だったけど、正直で優しかった。おじいさんの店は、旅人がここなら酔っ払って腰が抜けるまで飲めると思うような店ではなかったわ。売ってるお酒は一種類だけだったけど、とてもいい品物だった。一度でも飲めば、コーさんのお客さんは、またやって来て、首の長い徳利をいっぱいにして持ち帰ったの。

「コーじいさんはいったいどこであんなにいい酒を仕入れてるんだろう」と近所の人たちは噂し合っていたのよ。「牛車で新しい酒甕が届いたことなんか一度もないんだぜ。じいさんは自分で酒を作っていないのに、客に酒をつぐ黒い徳利は空になったことがないんだ」とね。

この謎の答えを知っているのは、コーじいさんだけだったし、じいさんはそれを犬と猫以外の誰にも話したことがなかったの。

酒屋をはじめる何年か前に、じいさんは渡し船の仕事をしていたの。最後の船が戻っていった後のある寒い雨の夜のこと、見知らぬ旅人が一人、じいさんの小屋の門口にやって来た。

「旦那さん、この冷たい雨の寒さを忘れるために、どうかいい酒をちょっとだけ飲ませてくれませんか」と、旅人はコーじいさんにお願いしたのよ。

「わしの家の徳利はもうほとんど空っぽだよ」と、コーじいさんは旅人に言ったのよ。「今晩わしが飲む分だけしかもうないが、お見かけしたところ、あんたにはわしよりもずっとこの酒がいりそうだ。分けてあげよう」

そうしてコーじいさんは、喉の渇いた見慣れないこの旅人に、お椀に酒をいっぱい注いであげたの。

立ち去る時にその見慣れない旅人は、コーじいさんの手に金色に光る琥珀のかけらを握らせてこう言ったの。「これを徳利に入れておきなさい。そうすれば、徳利はいつも酒でいっぱいのままでしょう」

さて、コーじいさんが、「あの旅の人は天の人に違いないぞ」と犬と猫に話しながら黒い徳利を持ち上げると、なんと、酒でずっしり重かったのよ。お椀いっぱいにそのお酒を注ぐと、こんなにおいしくて濃い酒は飲んだことがないと、コーじいさんは思ったわ。どんなに酒を注いでも徳利の中のお酒は減らなかったのよ。

それは本当に宝物だったわ。枯れることのないこの徳利のおかげで、コーじいさんは酒屋をはじめることができたのよ。どんな天気の時でも川を行ったり来たりしなければならない、渡し船の仕事をしなくてもよくなったの。

ところがある日のこと、それまではずっとうまくいっていたのに、旅人に酒を出そうとしたら黒い徳利は空っぽだったの。コーじいさんは何度も徳利を振ったけど、底に入れてあって振ればチリンと鳴るはずの琥珀のお守りの音が聞えないの。

「アイゴー、なんてことだ」コーじいさんは泣き声をあげたの。「きっと、うっかりして酒を注ぐ時にお客の誰かの瓶の中に琥珀もいっしょに入れちまったんだ。なんてことだ。いったいどうしたらいいいんだろう」

犬と猫もいっしょに悲しんだわ。犬は月に向かって吠え、猫は店のまわりを歩きまわって、米の甕の下や屋根の垂木《たるき》の上まで匂いを嗅いでまわったの。犬も猫も不思議な徳利の秘密を知っていたのよ。だって、おじいさんは見知らぬ人からもらった琥珀のお守りの話をよく話して聞かせていたからね。

「きっと見つかると思うよ」と猫は犬に言ったの。「琥珀の匂いを嗅ぎつければいいだけさ」とね。

「俺たち、いっしょに探しに行ったほうがいいよ」と犬は提案したの。「近所の家を一軒一軒探してまわるんだ。おまえが匂いを嗅いで見つけて、俺はそれを持って家に走って帰るよ」

そうして犬と猫は探しはじめたの。猫や犬に会うたびに、失くなった琥珀のことを何か知らないかとたずねたの。家という家を軒並みまわったけれど、自分たちの飼い主コーじいさんの不思議なお守りのゆくえはちっともつかめなかった。

「川の向こう側の家もまわってみないといけないな」と、しまいに犬が言ったのよ。「俺たちは渡し船には乗せてもらえないだろう。でも寒波がやって来れば川はがちがちに凍って、みんなと同じように氷の上を渡れるよ」

そうしてある冬の朝、犬と猫は川を渡って向こう岸に行ったのよ。誰もみていないとわかると、すぐに犬と猫は家に忍び込んだの。犬は中庭のまわりで匂いを嗅ぎ、猫は草ぶき屋根の梁《はり》までよじ登ったわ。何日も、何週間も、何ヶ月も、犬と猫は探し続けたの。けれど手がかりはなかった。

春はもうすぐだったわ。魚はうれしそうにはねては薄い氷に背中をぶつけていた。そしてある日とうとう、猫は金具がついた大きなバンダチ（箪笥《たんす》）の上に置かれた小箪笥のなかに、琥珀の匂いを嗅ぎつけたのよ。でも、小箪笥の引き出しはしっかりと閉まっている。犬と猫はどうすればいいのかしら。もしもその小箪笥をバンダチから床に落として壊したら、家の主人に気づかれて追い払われてしまう。

「ネズミの助けをかりよう」と、賢い犬が大声で言ったの。「ネズミなら、かじって箱に穴を開けて琥珀を取り出せるよ。そのお返しに、これから十年間は捕まえないから、安心して暮らせると約束してやろう」。この約束は自分の本性には合わないけど、猫は飼い主が大好きだったから、犬の提案を受け入れたの。

ネズミも犬の提案に同意したわ。ネズミにしてみれば、猫と犬が自分たちを追いかけず十年間も放っておいてくれるなんて、とんでもなくいい話だったの。ネズミたちは何日も箱をかじり続けて、とうとう穴を開けたから、猫は柔らかい前脚を突っ込んで琥珀を取り出そうとしたけれど、穴が小さすぎた。そこで若い小ネズミを穴にもぐらせたの。すると小ネズミは口にくわえて琥珀をうまく運び出したのよ。

「ご主人はさぞかしお喜びになるだろう。これでまたあの家に幸せが戻ってくるよ」と猫と犬は言い合ったの。魔法の琥珀を見つけたのが嬉しくて、犬と猫はまるで狂ったようにあちこち走り回ったの。

「でも、どうやって川の向こう岸に琥珀を持って渡ろうか。俺が泳げないのは知ってるだろう」と、猫ががっかりして大きなため息をついた。

「琥珀は口の中にそっと入れときな。そしておまえは俺の背中に乗るんだ。そうすれば俺が向こう岸まで泳いでおまえを運ぶから」と犬が賢い返事をしたのよ。

そうしたら、大変なことが起きてしまったの。猫は、ふさふさした犬の毛につかまって、もうすぐ向こう岸に着くところまで、上手にバランスをとっていたけれど、水際で遊んでいた子どもたちが、おかしな犬の渡し船と変わったお客の猫を見て、「猫が犬の背中に乗ってるぜ。ほうほうほう」と大笑いしたの。「ははは、ほほほ、あれを見てみろよ」って、子どもたちは親を呼んだから、親たちもやって来て笑ったのよ。

忠実な犬は、子どもたちが浮かれ騒いでも気にもとめなかったわ。けれども猫はそれが面白くて、子どもたちに仲間入りしたくてしょうがなかった。猫はつられて笑い出してしまい、開けた口からコージいさんの大事な魔法の琥珀を川の底に落としてしまったのよ。

犬は背中の猫を振り落として、ものすごく怒ったから、猫が無事に岸にたどりつけたのは奇跡だったわ。犬は怒りのあまり猫を追いかけ回し、猫はとうとう木の枝の上に逃げ込んで、濡れた毛をぶるぶる振るって水を払い飛ばして、川の中で飲んだ水をぺっぺっと吐き出した。怒った犬がどこかに行ってしまうまで、猫は木から下りようとはしなかったの。

むかし、私のハルモニが「犬と猫は決して友達になれない」と言ったのはこういうわけよ、わかったかしら。それから、知らない犬が来ると猫はきまってうなり声をあげるようになったの。猫が足を濡らすのを嫌うのにもこういうわけがあるのよ。

「だけど、琥珀のお守りとかわいそうなおじいさんはどうなったの」とオクジャが心配そうにきいた。

酒屋のおじいさんの運命を最後に救ったのは、犬だったの、とハルモニは説明を続けた。

「犬は、川に飛び込んで琥珀を探そうとしたの。でも、川は深すぎて犬には底が見えなかった。それから犬は漁師の横に座って、自分にも釣り糸や網があれば琥珀をすくい上げられるのになあと思ったのよ。すると突然、漁師に釣り上げられたばかりの魚の口から琥珀の匂いがするのに気づいたの。漁師が止める間もなく犬はその魚をくわえて家に走って帰ったの。

魚をみたコーじいさんは、「よくやった。家には、もう食べるものがなくて困っていたんだ」と言った。そして魚をさばくと腹からなんと琥珀のかけらが転がり出た。じいさんはすごく驚いて、それから大喜びしたの。

コーじいさんは「さぁ、これで魔法の琥珀をもう一度徳利に戻せるぞ。だが、それにはほんの少しでも酒がなければいけないな。酒を買いに行くから、この琥珀を衣装箪笥にしっかりしまっておこう」とつぶやいた。それから、じいさんは酒を買って戻ってきて、箪笥を開けて、また驚いた。一着だけしかなかったはずの服が、二着になっていたのよ。箪笥の中のなけなしのお金も、倍になっていたの。それでコーじいさんは、この魔法の琥珀には、触れた物をみんな倍にする秘密があるんじゃないかと気がついたの。

そのことがわかったおかげで、コーじいさんは、すごいお金持ちになったの。新しく建てた立派な家の門には、食べものがなくて飢えそうだったおじいさんを助けた忠実な犬のために穴を開けてあげたの。それからというもの、その太った犬は、家の門番の犬のように、腹いっぱい食べて、幸せそうに寝転がって、あたりを眺めて暮らしたの。犬はもう二度とネズミを殺すこともなく、二度と猫と仲良くなることもなく、幸せな生涯を終えたのよ。

【解説】

この話は、世界各地で語られる「犬と猫と指輪」の類話ですが、韓国のこの話では、「見知らぬ旅人を歓待し、お礼に福を授かる〈異人歓待譚〉」が、話の導入部を形成しているのがポイントです。親切な渡し船の船頭が、行き暮れた旅人に酒を振る舞った代償に、尽きることのない酒の種（琥珀の玉）を授けられるのです。

貧しい旅人を歓待して幸せを手に入れる異人歓待譚は、西欧のキリスト教世界では身をやつしたイエスとペテロが一夜の宿を乞い、宿主に幸せを授けることが多いのですが、日本では全国を行脚する弘法大師の話として、水のない村に井戸を授ける「弘法井戸《こうぼういど》」などがあります。同じ東アジアの中国にも善良な酒屋に不思議な麹《こうじ》を与えて去る旅人の話があります。

この韓国の話では、お爺さんがうっかりこの魔法の琥珀玉を失くしてしまい、飼い犬と飼い猫が探し出す魔法の品の探索譚（「犬と猫と指輪」）が続きますが、この探索譚もヨーロッパの場合は、主人公として心の優しい若者が登場します。若者が困っている犬と猫を助けて、魔法の石や指輪を授かり、その石や指輪の魔力で美しい姫と立派な城を手に入れます。そしてその大切な石や指輪を盗まれてすべてを失い、若者に助けてもらった犬と猫がその失われた宝を取りもどして恩を返すという展開がよく見られます。

同じハッピーエンドでも、韓国をはじめとする東アジアの類話ではお爺さんがもとの穏やかな生活を取りもどすことに留まるのに、西欧の話ではお城や王さまや姫君が登場し、華やいだ雰囲気が醸し出されます。

この韓国の話では、話の終わりに「失敗した猫が捨てられ、犬が屋敷で厚遇されるという〈犬と猫の仲が悪いわけ〉」というモチーフがつきますが、この時から厚遇されることになった犬がお礼に屋敷の門を守るという「犬穴」の存在は、カーペンターにとって興味深い韓国文化体験であったらしく、これからの話にも何度か登場します。

5 砧杵《きぬたぎね》（綾巻）と大根

またキムチ作りの季節（キムジャン）がやってきた。中庭の爽やかな秋の空気は、美味しい白菜漬（キムチ）のいい匂いで満ちみちていた。韓国の人たちはみんな、この漬物をご飯といっしょに食べるのが大好きなのだ。

金《キム》家やその近所の家の台所では、小さな銘々膳が準備され、真ん中の椀には温かいご飯が湯気をたてて山のように盛られている。そのまわりの椀には、醤油や味噌のチゲや、ゴマ油で味付けした海苔や、魚の干物や、肉の湯《タン》（スープ）などが用意される。そして必ず、辛いキムチを山盛りにした皿がひとつ添えられた。

キムチ作りのこの季節は、金家の中庭は山と積まれた白菜で足の踏み場もなかった。西欧人がこの白菜を「セロリキャベツ」と呼ぶのは、白菜の葉先が薄い緑色をしているからだった。大根とネギが山積みされ、ニンニクと生姜の束や魚の塩辛も用意された。

オクジャやいっしょに住んでいる幼い娘たちは、おばあさんが取り仕切って、女たちが野菜を塩水で洗って準備するのを後ろから見ていた。子どもたちは、大きな甕を覗き込んで中にキムチがぎっしり詰まっているのを見るのが好きだった。甕の底はうす暗くて、中庭の地面からゆうに百八十センチは埋まっていた。水甕と同じように、凍える寒さから守るために、キムチの甕を地面よりずいぶん深く埋めておくのだった。

「気をつけなさいよ、オクジャ。お前は唐辛子でも、太い大根でもないんだから、落ちてキムチに混ざっちゃいけないよ」

ハルモニは大きな声で注意しながら、いまにも甕に落ちそうなオクジャのバラ色がかった赤いチマ（スカート）をつかんだ。オクジャは、もう少しで大きな甕の中に頭から落ちてしまいそうだった。

おばあさんは、オクジャを安全な中庭の反対側に連れていった。そこではヨンドやいとこたちが、大きめの大根をくり抜いて半紙を貼って提灯を作り、裏庭から伐ってきた細い竹竿にぶら下げていた。

キムジャン

おばあさんは疲れたので、近くの縁側の階段に腰掛けて孫たちの仕事ぶりをながめながら一休みすることにした。

「砧杵と大根、砧杵と大根だよ」とおばあさんは、黒い瞳をきらきらさせながら、首を振って重々しく呟いた。「気をつけるんだよ、お前たち。人を牛に変えないように注意するんだよ」

「誰かを牛に変えるですって、ハルモニ」と、びっくりしてヨンドがきいた。「どうすればそんなことができるの。それに、そんなおかしなことと砧杵と大根がどんな関係あるの」

「それはね、むかしの農夫のお話よ、かわいい坊や」と、ハルモニは答えた。「自分をだました役人に復讐した農夫がいたの。昔むかしにあったお話よ。本当にあった事かどうか、誰にもわからないわ。でも、こういうお話よ」

趙《チョー》という名前の農夫がいて、その人が作っている米は、もう何年も豊作だったの。大きな箪笥の中がお金でいっぱいになったほど、幸運な人だったの。けれどもその人はほかの運のいい人と同じように、自分の財産に満足してはいなかったの。趙は自分の畑を耕したり、美味しいお米を刈り入れたりすることに飽きてきたの。首都のソウルで安楽な暮らしをしたくなっていたのよ。

チャンドクテ

「ああ、もし役人の（官位を示す）帽子を買うことさえできれば、もっと金持ちになれたのになあ」趙は自分の家族にそう言ったの。

今でもそうだけど、昔からお金持ちになれるのは政府の役人ばかりだったの。みんなが王さまにおさめた税金を扱うのは、役人だったからね。税金の中からとてもたくさんのお金がその人たちの鍵付きの箪笥に納まってしまったの。役人たちは、庶民のお金を「搾《しぼ》り取る」ことを当然の役得だと公言していたわ。

こうして、その農夫はソウルにやって来た。王宮で位の高い仕事をもらおうと、まっすぐ大臣の屋敷に向ったの。そして趙は、大臣にとても高価な贈り物をいくつもしたの。毎日大臣の屋敷の中庭まで行ってお願いし続けたのよ。

趙が足元に贈り物を置くたびに、大臣は「明日こそきっと」と言ったけど、その「明日」は決して来なかったの。一年経ち、二年経ち、三年経ち、そして四年も。何度も何度も、趙は田舎に便りを出して金櫃《かねびつ》からお金を持って来させた。ソウルでは、お金がなければ何も手に入らなかったからね。

そうしてある日、田舎から「金櫃がすっかり空《から》になった」という連絡が来た。趙の田んぼは荒れ放題で、家も売らなければならないかもしれない。家族は食べ物がなくて飢えていたわ。

「どうか今すぐ官位をお与えください、閣下」と趙は大臣にお願いしたのよ。「金櫃はもう空っぽです。あきらめて田舎に帰るしかありません」

けれども大臣はただ首を振って、また「明日こそきっと」と言った。

趙は心の底から腹をたてて、大臣のもとを去りながら、いつか必ず仕返しをしてやるぞと誓ったのよ。

田舎に帰る旅の途中のある晩、趙は年取った夫婦の草ぶきの田舎屋に泊めてもらったの。趙を親切に迎えた夫婦は、ごはんとキムチを分けてくれて、寝る時には、オンドルの一番暖かいところを譲ってくれたのよ。朝日がのぼってニワトリが鳴く頃、趙はまだ半分眠りながら、夫婦が自分のことを話しているのを聞いたの。

「そろそろこの牛を市場に連れて行く時間だな、手綱を取っておくれ」と、おじいさんがおばあさんに言ったの。そうして趙の体を四つの棒（砧杵《きぬたぎね》）で軽く叩きはじめたの。叫び声をあげようとした趙は、自分の口から牛の唸り声しか出ないのでびっくりしてしまったのよ。

鼻に輪を通されて大通りをひかれて行きながら、趙は自分の身にかけられた魔法にうろたえるばかりだったわ。家畜市場ではどの牛よりも趙が一番立派でよく太っていたので、おじいさんは、誰も買えないくらいの高い値段をつけたけど、長いこと酒屋でとぐろを巻いていた肉屋が、酔っぱらった頭で、高い値段で買ったの。肉屋は殺してしまうために哀れな趙を連れて帰ったのよ。

趙にとって幸運だったのは、行く途中にもう一軒別の酒屋があったことだった。そこで、酔っぱらいの肉屋は買ってきた上等の牛を杭《くい》につないで、店に入ってもう一杯お酒を飲むことにしたの。

牛になった趙は、お腹が空いていたし、喉も渇いてた。そして道の向こうを見ると、みごとな大根畑があったのよ。趙は、思いっきり引っ張って地面から杭を抜いて、柵を壊して畑に入ると、大根にかぶりついたの。

むしゃむしゃ食べているうちに、趙は毛むくじゃらの背中が痒くなってきたの。大きな体が震えだして、趙は後ろ足で立ち上がったのよ。そうして手と足を見てみると、嬉しいことに、自分がもういちど人間に戻っているのがわかったの。趙が畑から道に戻ると、あの酔っぱらいの肉屋にばったり会ったの。肉屋は、「牛がいなくなったので、もし見かけていたなら教えてほしい」と趙に頼んだの。

故郷の家に向かって歩き出しながら趙はつぶやいたわ。「砧杵と大根、砧杵と大根、これが秘密だったんだ。魔法の砧杵さえ手に入れれば、あの身勝手な大臣に仕返しできるぞ」

年寄り夫婦の古い田舎屋に引き返した趙は、以前と同じように歓迎されたの。でも今度は、年寄り夫婦が眠るとすぐ、趙は四本の魔法の砧杵のありかを探しはじめたの。そして、朝日がのぼってにわとりが鳴くより前に、袖に四本の魔法の砧杵を隠して小屋をこっそり抜け出した。ソウルに戻る旅のあいだずっと、趙は忘れないように「砧杵と大根、砧杵と大根、これが秘密だ」とつぶやき続けたの。

趙は、今ではあの大臣がどの部屋で寝ているかをよく知っていたの。門の鍵は開いていて扉は大きく開けたままだった。趙は、明るい月の光の下で獲物のところまですっと簡単に忍び込めたのよ。

小さな砧杵のうちの二つで、趙は眠っている大臣を叩きはじめた。そして大臣の手が蹄になり額に角が生えていくのを意地の悪いよろこびを感じながらじっと見ていたの。けれど大臣は、趙が別の二本の砧杵を使う前にもぞもぞ動きはじめたの。

大臣の足にこの二本の杵を使うはずだったけど、趙は仕事を半分残したまま急いで立ち去らなくてはならなかった。

夜が明けて、月が太陽に空を明け渡すと、大臣の家は恐ろしい騒ぎになったわ。

「ご主人様は牛みたいに唸ることしかできない。頭には角が生えているし、手は蹄になってしまった。頭と肩に牛の皮をかぶっている」

この恐ろしい知らせは、秋風の中の木の葉のように国じゅうに広がったの。有名な医者を呼ぶために、召使いが駆け出して行って、医者は四人の男が担ぐ立派な輿に乗ってやって来た。でも、呪いをかけられた大臣を前に医者もなすすべがなかったの。

次は、巫堂《ムーダン》が呼ばれたの。街中で一番有名な巫堂よ。大臣の祖先の墓の前で、巫堂は泣いたり叫んだり、踊ったり地面を転がったりしたの。祈っても祈っても、体の半分が牛になってしまった大臣には何も起きなかったの。

その時、農夫の趙がまた大臣の屋敷の門に戻ってきたの。趙は、偉いお方のとんでもない苦しい様子を耳にして大変驚いた、というふりしたの。

趙は、牛男（大臣）のところまで家族に案内されると「貴方《あなた》さまをお治しできます」と言ったのよ。「私の村でも同じことがあったのです。たしかにお治しいたしますが、お値段は私が長いあいだあなた様にお願いを重ねてきた身分《みぶん》となります」

牛男は趙の言うことを承諾したというふうに唸り声をあげて、家族は望みは何でもかなえると約束したのよ。それから趙は市場に出かけたの。大根を何本か買って来て、挽くと粉になるくらいまで竈で乾燥させたの。牛男がその大根の「薬」を大きな牛の舌で丸めて飲み込むのを見ようと、みんなが集まって来たわ。角と蹄が見るみる小さくなっていくと歓声があがったわ。それといっしょに牛の頭や皮もじきに消えたの。

まもなく大臣は元の姿に戻ることができて、恩人の趙にはたくさんのお金をあげて、宮廷の大切な役職もあげたのよ。趙は髷に翡翠の飾りをつけてお役人の帽子をかぶることを許された。金龍を刺繍したお役人の正服も拝領したし、輿の屋根も虎皮だったの。

趙が、富と名声を自分の物にすることができたのも、「砧杵と大根」の魔法の秘密を見つけることができたからなのよ。

【解説】

財力はありながら身分の低い田舎者の農夫が、地位を利用して田舎者を搾取する都の大臣に全財産を奪われながら、最後に大臣を苦しめて恨みを晴らし、出世の望みを果たす致富譚です。

朝鮮王朝時代には、科挙の制度があり、能力次第で誰でも官吏に登用されるはずでしたが、実際には身分に制限があり庶民が科挙に応試することは不可能でした。しかし時代が下るにしたがって、不正行為が平然と行われるようになり、政府高官の地位が賄賂や情実や家柄の高下、党派の所属によって合格が決まる事態となっていきます。

そしてついに一八九四年の甲午改革によって、この有名無実な科挙が廃止されることとなったのです。

この話は、朝鮮王朝末期のこうした科挙の堕落した実態を語る笑話でもあります。

主人公の農夫は、財力によって科挙を経ずして高官の地位を手に入れようとしますが、賄賂を受け取る側の大臣は一枚上手で、主人公を翻弄します。そして金を使い果たして零落した主人公は牛に変身させられ、市場で売りに出されます。

韓国では牛一頭が一日に耕すことのできる面積を「日耕」と呼ぶほど、牛は農業に欠かすことのできない動物で、なかでも黄牛は高価でした。

砧を打つ女性たち（カーペンター撮影）

主人公は肉屋に売られて危機に陥りますが、自分を陥れた宿主から魔法の砧杵（綾巻）を盗み出し、悪辣な大臣を牛に変えて復讐を果たし、出世の望みを果たします。

韓国には、この話の類話として「牛に化けた無精者」（ＫＴ３１６）という話があり、怠け者が、老人（あるいは狐）に牛に変えられて市場で売られながら、やはり大根を食べて人間の姿に戻ります。これは柳夢寅（一五五九～一六二三）の『於于野談』にも見られ、いまも韓国各地に広く語り伝えられる話です。

なお、「砧杵」とは、かつて衣服を洗濯した際に欠かせなかった砧打ちの道具で、綾巻とも呼ばれる杵を指します。

6　虎と子犬

「大門にあるあの穴はとても役に立つね、ハルモニ」と、おばあさんがお話を話し終えるとヨンドが言った。「うちの犬は通り抜けるけれど、悪い人たちは入って来れないもの」

「そのとおりよ、ヨンド」とおばあさんが答えた。「それに小さいから、虎も入れないわね。あれは子犬が見つけたのよ。賢い人たちや勇敢な猟師たちがみんな失敗した後で、子犬が村を救ったのよ」

子どもたちはおばあさんの近くに寄って行った。これからもう一つ、虎のお話がはじまるのだ。無敵の山の王の虎話ほど、背筋がぞくぞくして楽しいものはなかった。

韓国の虎はもっと暖かな国に住む仲間よりも体が大きい。韓国では、虎の黄褐色の毛皮の柔らかな毛は、ほかの国のより厚くて長くて、高山のふもとに住む虎を冬の厳しい寒さから守っている。

その時代、とりわけ北の地方では虎は里人の恐怖の的だった。夏は山の鹿と猪の子を餌にしていたが、冬になって岩山で獲物が少なくなると、村に忍び込むのだ。獲物を狙って村をうろつくし、町にも現れる。ヨンドとオクジャは、虎が一頭ソウルの王宮の中庭にまで入り込んできた時のことをよく覚えていた。

北にあるこの村にね、とハルモニはお話をはじめた。ある冬に一頭の、それまで誰も見たことのないくらい大きな虎がやって来たのよ。ものすごく強い獣で、大人の男でも命が危ないくらいだったの。ある時は、日が落ちてから通りに出ていた不用心で愚かな男を一人殺したの。牛だって安全じゃなかったし、厚い塀のなかの内庭に入れて家の門を閉め切らないと、豚も食べられてしまったの。

「山のおやじに罠を仕掛けよう」と村の役人が言って、村人がみんなで、村に入る道に穴を掘ったの。大きく口を開けた穴の上に細い丸太と木の枝をかぶせて、その上に土と木の葉を軽くかけて、虎をだまそうとしたの。その上を歩けば間違いなく穴に落ちるだろうとね。

けれども虎は罠に気づいたみたいで、穴の上は歩かなかったのよ。罠の中に生きた豚を入れておいた時も、虎は近づかなかった。だから、村人はまた虎が来るかもしれないと考えていた。村の役人も、自分の家の藁屋根の上を虎が這いまわる音を聞いて、恐ろしさに正気を失うほどだったわ。叫び声をあげて鉄鍋を叩いたので、運よく虎を追い払うことができたってわけ。

「この辺《あた》りの猟師をみんな集めよう」と村人たちは次にそう言ったの。虎撃ちたちがやって来たわ。おそろいの青い服を着て赤い房つきの帽子をかぶってね。肩には火縄銃を担いでた。鹿角の容れ物には弾《たま》がいっぱい入っていた。火薬を入れた油紙の袋は湿らさないように懐《ふところ》に大事にしまってあったの。銃に点火するための長い火縄もちゃんと腕に巻きつけて、草履を履いて足早に、

朝鮮王朝時代の戦士の図

猟師たちは山に向かったの。

村の役人はほっとして、出発する猟師たちを見送ったの、とおばあさんはお話を続けた。すごく勇敢で強い男たちだったから、きっと虎を見つけるにちがいない。虎が出てくるまで藪の中を探し回って、銃で撃って手負いにして、最後は槍で仕留める。貴重な柔らかい毛皮は村の役人が手に入れて、肉は猟師が食べ、骨や歯や爪は、市場で薬屋に売るために猟師に持たせるでしょうね。

その時代の韓国では、虎の骨の粉末や歯や爪はすごく値段が高かった。昔の戦士たちは、虎のもつ強さや勇気を身につけようと、そういう薬を飲んでいたし、ハルモニも、体調がよくなくて疲れやすい春先には、いつも虎の骨の薬を飲んでいた。

オクジャはドキドキしながら「猟師は虎を捕まえたの、ハルモニ」と聞いた。

いえいえ、おちびさん、猟師たちは手ぶらで帰ってきたのよ。たぶん猟師たちは森の一番深いところまで入るのが怖かったのね。それとも、年取った虎はとても賢くて、猟師たちの手におえなかったのかも知れないわね。

「白い髭をはやした山の神さまの新しい額を村はずれの祠《ほこら》に懸けよう」と村人たちは言ったの。「カケスの霊を呼ぼうじゃないか、カケスは虎の天敵だから、虎を追っ払ってくれるかもしれない」

その夜、かすかな物音がしたから、村人たちは中庭に飛び出して叫んだの。「カケスが来たぞ、カケスだ、カケスだ」

けれど、中庭には血のついたニワトリの羽が散らばっていた。それは山の王の虎の仕業で、天敵のカケスの霊は役にたたなかったのよ。

村人たちは、虎を恐れて、夜は家の中に隠れてじっとしていた。家畜も家に閉じ込めて、虎が村の道をうろつく夜には、生き物はすっかり影をひそめたの。

ところが、たった一匹だけちがった生物《いきもの》がいたの。ある晩のこと、一匹のお馬鹿さんの子犬が、母犬《ははいぬ》のいる馬小屋をこっそり抜け出して、大門の方に行ってしまったのよ。

季節は冬で、大虎はお腹を空かしていたの。門の穴から子犬が頭を出したのを見ると、虎はしめたと思ったの。虎は穴に体当たりしたけど、穴は虎が大きな体を通すには、もちろん小さすぎたのね。ふつう虎は、こんな子犬のような小物には見向きもしないはずなの。牛や豚や人間より小さい動物に虎が興味を持つことはないんだけど、村の人たちがすごく用心深かったので、虎のお腹はもう何日も空っぽだったのよ。

犬の穴から首を出す子犬（カーペンター撮影）

大きな尻尾を振って、唸り声を喉の奥深く飲み込みながら、虎は燃えるような目を土塀に向けたの。その向こうには獲物の子犬がいたのよ。土塀は高くて、てっぺんにはぎざぎざに尖った石が埋めてあった。でも虎は跳び越えられると思ったの。体じゅうの力を思いっきりためて、大きく跳んだら、向こう側に跳び越えられたの。

けれどそこに子犬はいなかった。子犬は、怖くてきゃんきゃんなきながら、大門の穴を走り抜けて通りに出てしまっていたの。虎には子犬の尻尾が見えただけだったわ。

子犬の後を追って土塀を跳び越えるしかなかったから、虎はもう一度体中の力を振り絞って高く跳んだの。けれど、もちろん子犬の姿はなかったわ。おちびさんは、すかさず門の中に戻っていたのよ。

子どもたちは、おばあさんが話してくれた光景を想像して嬉しそうに笑った。それは虎が前に後ろに、後ろに前にと跳びはねて、子犬が門の穴から走って出たり、入ったり、また入ったり出たりする光景だった。

「よかったね、ハルモニ」とヨンドが大声をあげた。

「それで最後はどうなったの」とオクジャがききたがった。

「最後にどうなったか」って。そうね、みんな知ってるように、虎より勇ましい獣はいないし、虎ほど手に負えない獣もいないわ。けれども、虎の大きな頭は一度にたったひとつのことしか考えられないのよ。お腹がすいたってことしか考えられなかったのよ。

何度も何度も、虎は高い塀を跳び越えたの。しまいには、さすがに虎の強い心臓もへたばってしまった。そういうことなの。

お話はこうよ。次の朝、村人たちが死んだ虎が道に横たわっているのを見つけた時、子犬は大門の穴の中でよく眠っていたの。

「韓国人は一年の半分は虎狩りをするが、残りの半分は虎が韓国人狩りをすると中国人は言うわ」とハルモニは孫たちに言うのだった。虎が猟師を殺せば、その猟師の魂は虎の奴隷になるのよ。猟師の霊はまたもういちど人間の姿にさせられるの。そうして山の道を歩いて、ほかの猟師を藪の中におびき寄せるの。虎が殺しやすいようにね。

ひとり猟師が虎の餌食になると、その手引きをした猟師の魂はやっと自由になって天の王国にのぼっていくことができるのよ。

おばあさんは、虎になった人間と人間になった虎の話をよく知っていた。どの話でも虎は強くて勇ましかった。その時代の韓国の旗には、燃える舌をした虎や、燃え上がる火を爪で押さえる虎の絵がよく描かれていた。王宮の護衛の帽子に虎の頭の絵が刺繍されているのもそういうわけだった。同じ理由で、金家のような両班の家の屏風の刺繍や箪笥の象嵌《ぞうがん》にも跳ぶ虎の絵柄があるのだった。

けれどもハルモニの話では、虎は強いものというよりも知恵の足りない動物として語られることが多かった。それが、一匹のか弱い子犬が無敵の山の王を打ち負かすことができた理由だった。

【解説】

力の弱い子犬が、知恵を使って虎を倒す話ですが、語り手であるお婆さんと聞き手の孫との会話を通じて、韓国の虎をめぐる民俗がよくわかります。

韓国では、虎は特別な存在で、山の神の使いと考えられ、寺院境内の山神閣や山の山神堂には、虎を伴った白鬚の老人を描いた山神図が見られます。

虎は現在ではすっかり影を潜めてしま

虎を従えた山神

いましたが、朝鮮王朝時代には、ソウル付近にも出没したために、家屋の中庭に虎が入り込まぬように虎網をしかけたこともあります。虎は、勇猛の代名詞とされ、文班・武班からなる両班のうち武班は虎班と呼ばれました。こうした威力をもつ虎は、漢方の世界でも珍重され、骨や牙や爪が高値で取引され、現在でも虎骨酒などは万能薬として、人蔘とともに一部の人たちに信奉されています。

昔話の世界の虎は、独特の両義的な性格を発揮し、この話のように弱い者にだまされたり、退治されたり、踊りが好きで失敗したり、滑稽な存在として語られる一方で、人の及ばぬ知恵や力を有する神秘的な存在として登場することも少なくありません。

7　五つの徳をそなえた鳥

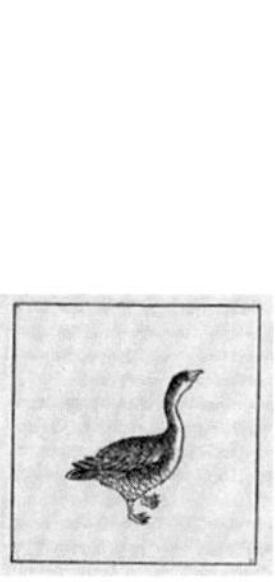

「これから、鴨の話をしてあげようね。きっと勉強の役にたつわよ」とハルモニがヨンドに言った。「秋が深まったある日、農夫が鴨を一羽捕まえたのよ」

ヨンドは、おばあさんの部屋の暖かい床に正座をして座っていた。手に韓国語の『童蒙先習』という本を持って、小声で何度も何度も「仁《イン》・義《ウィ》・礼《リェ》・智《チ》・信《シン》」と繰り返していた。ヨンドは、その言葉を一つの言葉のように長くのばして唱えていたが、その言葉には五つの違った意味があった。仁・義・礼・智・信という五つの徳については、韓国の子どもはみんな習い覚えていた。おばあさんのその声で、ヨンドは読本を脇に置いた。おばあさんの話のほうが、その本の勉強よりもずっと面白かったからだ。

農夫が、一羽の鴨を捕まえたのよ。そして、仲間といっしょに南に向かって飛んで行ってしまわないように翼の羽を抜いてから、農夫は郡守に鴨を差し上げたの。うまく引き立ててもらおうと思ってね。郡守はとても喜んで、その鴨を庭に放して、下男が美味しい餌をやるようにしたの。ある日郡守が庭を散歩していると一人の下男がやってきて、「閣下」と深々と頭を下げて「あの鴨はよく太って、いいごちそうです。柔らかくて美味ですし、香りも上等です。ぜひ絞めてお召し上がりください」と言ったの。

「鴨を絞めて食べろだって」と人柄の良い郡守は聞き返したの。「それはいけない。鴨は五徳、仁・義・礼・智・信の鳥だ」

「それはどういうことでございますか、閣下」と下男はきいたのよ。「鳥が、いったいどうやって五徳を知ることができるのでしょう」

「考えてもみなさい」と郡守が言ったの。「まず一つ目に鴨は仁の手本だ。鴨は鷲のように戦わないし、鷹のように狩りもしない。仲間と仲良く平和に暮らしている。二つ目には鴨は義の鳥だ。つがいになれば、正しい暮らしの決まりをすべて守る。つれ合いが死んだ時には、本当の妻を失ったように嘆く。礼の鳥である鴨の雌は巣のあった場所に何度も何度も、夫を亡くした独り身で戻って来るのだ。この国で、鴨のような妻の献身の象徴がほかに見られるか」

「いえ、ございません、閣下。そのような素晴らしい性格の鳥であれば、絞めるなどと申し上げるべきではありませんでした。鴨が順序正しく飛んで行くのをご覧あれ。順番に並んで儀式のように、列を作って青い空を進んで行きます。なんと見事に智を表していることでしょう。寒い冬には暖かい南を求め、暑い夏が来れば北の涼しい風を求めて行くとは」

「毎年同じ時期にこの北の国に鴨が戻ってくるのは、お前も見て知ってのとおりだ。鴨は信を守っているのだ。あぁ、鴨は五徳によって生きている。そんな気高い鳥を殺すことなどできようか」

鴨の話を終えるとハルモニが、「ヨンドや、お前の読本の五倫のところを読んでおくれ」と言った。

「天と地の間で」と、ヨンドは勉強する時にはいつもするように、謡うような口調で繰り返した。

「人は最も貴い生き物なり。而して人の貴いは五倫に従うからにほかならぬ。賢き孟子の語る如く、親と子の間には親しみあるべし。親は愛、子は孝行を行うべし。王と臣下の間、互いに義あるべし。王は道理正しく、臣下は忠義をもって敬うべし。夫と妻の間、穏やかにして従順あるべし。歳の行く者と若き者の間、思いやりと尊敬あるべし。そして、輩《ともがら》のあいだに保つべきは信なり」

少年は長く息を吐いた。ヨンドは、これをよく学んでいたが、最後にこう付け加えることを忘れなかった。

「もし五倫に従わねば、人は獣にも劣るものなり」

【解説】

『童蒙先習』は、朝鮮王朝初期の儒者朴世茂（一四八七〜一五六四）が初学者のために作った教科書で、十七世紀中葉以降に各地に設けられた書堂という私塾で『千字文』などとともに使用され、普及しました。内容は、五倫（親・義・別・序・信）、五徳・五常（仁・義・礼・智・信）などの人の道と、堯・舜などの五帝に始まる中国の歴史、檀君・箕子から李成桂にいたる韓国の歴史を説いています。

書堂は、地方の両班や財力のある庶民が学ぶ場であり、ヨンドのようなソウルの地位の高い両班の子弟には、父親や叔父や家庭教師による教育が行われたものと思われます。五倫・五徳・五常を学ぶ初学者は、教科書をゆっくりと歌うように繰り返し唱えて暗誦したのです。

こうして儒教と四書五経、漢文と漢詩の基礎を身につけた者は、地方であれば郷校、ソウルであれば四学という公立の学校に進み、最終的には最高学府である成均館や科挙の合格を目指すことになります。

こうした儒教と漢籍を中心とした教育は、金弘集等による甲午改革と科挙の廃止によって一挙に変化し、これまでほとんど男性によって独占されていた教育の機会が、徐々に女性にも開かれることになりました。

8　沈清《シムチョン》

「その言葉は、澄んだ緑の翡翠のようにとても大切ね、ヨンド」
ヨンドの「五倫」の暗誦が終わった時にハルモニはそう言った。
「でもその中で一番大事なのは親に対する子の孝なのよ。何事にもよく従い、歳のいった者を敬う。それが一番大事なことで、報いも大きいのよ。清《チョン》のお話はしたことがあったかしら。沈《シム》という盲目の乞食の忠実な娘のお話よ」

これは、五百年前か、もっと昔のお話よ。ある村に、沈清《シムチョン》という気立てのいい娘が住んでいたの。お母さんは亡くなっていて、お父さんはだんだん目が見えなくなってきていたの。沈清は、その哀れな父親のたったひとつの宝物だったのよ。沈清の顔は白くてすべすべしていて、まるで象牙の彫り物のようだったわ。眉は蝶々の羽のように弧を描いて、髪は祠堂の黒い漆の祭壇のように輝いていたの。沈清は生まれてこのかた病気ひとつしたことがなかった。あの大いなる疱瘡《ほうそう》の神も、沈清を傷つけることはできなかったの。

沈清はきれいで賢いだけじゃなくて、心が優しくて思いやりもあったのよ。米は一粒たりとも、キムチは一切れ足りとも無駄にしなかったわ。足取りのおぼつかない父親の手を引いて助けたけれど、哀れな父親は目が見えなくて、もう働くこともできなかったの。生活のために、持ち物を一つまた一つと売らなければならなかったのよ。

子ども時代を過ぎて娘になった沈清は、年取ったお父さんの手を引いて通りに出ていくことができなくなった。目の見えないお父さんは、道行く人に物乞いをするために一人で這って出ていくしかなかったのよ。

ある日、目の不自由なお父さんが溝に落ちて這い上がろうとしていると、力強い手が伸びてお父さんを引き上げてくれた。そして「米を三百袋、寺にご寄進なさい。そうすればまた目が見えるようになるでしょう」って言ったの。

お父さんはこの言葉にたいそう驚いたわ。その人は近くの山寺のお坊さんだとわかったので、お父さんはその約束を固く信じて心のうちに望みを持ったの。でも、その話を娘に伝えているうちに、お父さんの望みは、悲しみに飲み込まれてしまったの。

「アイゴー、私らみたいな乞食の身に、そんなにたくさんの米を手に入れることができるはずがない」

けれどもその夜、沈静の夢に死んだお母さんが現れて、米を手に入れてお父さんの目が見えるようにする方法を沈清に話してくれたのよ。次の朝、心の優しい娘は、死者を哀悼する人が身につける大きな帽子と粗い麻の外套で変装したの。喪に服した人のように鼻と口を薄くて白い布で覆って、娘は一人のお金持ちの商人の家の中庭に入って行ったのよ。

その商人は船をたくさん持っていて、遠い中国まで米を運んでいたの。ところが、近頃川の龍が大波を起こして船の通行を邪魔していた。船を通してほしければ、身代金として美しい娘をよこせと龍は言うの。商人は、生贄になってくれる娘に、米三百袋を渡すと言っていたのよ。

沈清の悲しい話を聞いた商人はとても可哀想に思って、「なんて親孝行な娘だ。死ぬにはもったいない」と言ったの。けれども米を手に入れるには、娘にはそれしか手段はなかったから、取り引きすることになったの。

山の寺に向かって馬が長い列を作って米の袋を運んで行くのを見て、沈清は心の底から喜んだわ。けれども、お坊さんが「お父さんの目が見えるようになるには何年もかかるだろう」と言った時にはとても悲しくなった。

娘はお母さんのお墓の前にひざまずいて「お父さんの目が治るまで、世話をする天人をつかわせてほしい」とお祈りしたの。そして、親切な近所の人たちにも目の見えないお父さんの世話をお願いして、娘は商人と結んだ契約を果たすために出発したの。

龍の住む水の世界に旅立つために正装した沈清は、東方の天国の太陽よりも眩しく輝いていたわ。花嫁が着る緑色の上着をつけて、結婚の髪飾りに宝石と明るい色のリボンもつけて、娘は商人が用意した米を運ぶ船の隊列の先頭に乗り込んだの。

船はすぐに龍が大きな尻尾で行く手をふさいでいるところまで来たの。商人は、「娘を助けてくれるなら、米袋をたくさん差し上げましょう」と龍に申し出た。船に乗っていた者たちはみんな、年老いた目の見えないお父さんを思う娘の優しさに打たれて泣いていたわ。その人たちも川の龍にお願いをしたけれど、龍は沈清でなければ満足しなかったの。

そこで娘は天に一礼して舷側から川に飛び込んだの。そうしたらね、荒れていた川の波はただちにおさまって、まるで庭園の池のように静かになったのよ。船の隊列は無事に川を横切って中国に向かっていったの。

ところで沈清は、魚の群れが自分の身体を貝に包み込んだことも、龍宮の使いがそれを龍王のもとに連れて行くことも、ぜんぜんわからなかったの。気がついた時には、揺れる海草と色とりどりの魚の間に浮かんでいたのよ。こぶしほどもある真珠と黒大理石の壁がちらりと見えたわ。沈清は龍宮に連れて行かれたのよ。

自分がどこにいるのかわからない沈清は、翡翠色の川の龍の前でお辞儀をしてこう言ったのよ。

「閣下、私は盲目の乞食の沈《シム》の娘でございます。あなた様のような位の高いお方様の前に出るような者ではございません」

すると龍王はこう答えたの。

「星も龍宮までの道を見つけて、その光を届けるものだ。お前のことは、天と地の帝王ハノニム（天帝）から知らせが届いている。目の見えぬ父親へのお前の孝行は、十分に報われるだろう」

人魚が沈清を美しい衣に着替えさせたの。足元には柔らかな布団を敷いてくれて、素晴らしい食べ物も出してくれたの。この居心地のいい生活で沈清は今まで以上に美しくなったわ。

ある日侍女たちが、沈清を川底の大きな蓮の花のところに連れて行ったの。それはとても大きい蓮の花で、よい香りの中心に沈清をすっぽり包み込むことができたのよ。龍王が沈清に別れの言葉をかけると、沈清はなんだか水の中を上に昇っていくような気がしたの。

すると間もなく、驚いたことには蓮の花は川の上に浮かんでいて、あのよく知った商人の船がすぐそばにいたのよ。

「天にも地にもこんな蓮の花はありません」と船頭が商人に言ったの。「これはぜひ王さまのところにお持ちしましょう」

商人たちは、王さまから、それはたくさんの褒美をちょうだいしたわ。この大きな蓮の花ほど珍しい宝物は、王室にもなかったの。王さまは、この蓮の花のために特別に作らせた庭園の池まで毎日足を運んで花を眺めたのよ。

夜のうちだけ、沈清は大きな蓮の花の隠れ家から出てきたの。なぜかわからないけど、花の香りは沈清の食べ物になり、花びらの上の露は沈清の喉を潤したの。

ある晩、月の光に照らされた水晶の池のほとりを散歩していた沈清に、王さまは出会ったの。

慎み深い沈清は、王さまから身を隠そうとしたけれど、蓮の花は消えてなくなってしまっていたの。王さまは、最初は沈清が鬼神ではないかと恐れたけれど、その美しさに目を奪われたの。

宮廷の天文学者たちが、船頭が王さまに蓮の花を献上した日に、天中に明るい新星が現れたことを伝え、この瑞兆《ずいちょう》に安堵した王さまは沈清を妻にしたのよ。

「目の見えない乞食のお父さんはいったいどうなったの」と、そっと部屋に入って来ていたオクジャがたずねたの。

「いい子ね、そこがこのお話の一番大切なところなのよ」と、おばあさんは答えた。「誰よりもお妃さまにふさわしかったので、沈清は幸せだったわ。けれども、心の底から悲しくなる時が何度もあったの。沈清は自分の哀れなお父さんのことをよく考えたのよ。まだ目が見えないに違いないお父さんのことをね。ある日、沈清と結ばれた王さまは、庭に座って泣いている沈清を見つけたの。

「なぜ泣くのか」と尋ねられた沈清は、王さまに「アイゴー、陛下。盲目の人の夢を見たのです。その人たちの辛くて悲しい境遇が私の心を打つのです。この王国のすべての盲人を招いてご馳走してあげたいのです」

一日、二日、そして三日の間、国中の目の見えない乞食たちが王宮の中庭にやって来て、御飯とキムチを食べたのよ。窓の帳越《とばり》しに覗いていた沈清王妃はその中にお父さんがいないかと探したの。けれども、催しの終わりが来てもお父さんの沈《シム》の姿はなかったのよ。ところが最後に一人の盲人が遅れてやって来て、召使いたちが追い返そうとしたけれど、その貧しい身なりを見て王妃にはわかったの。王妃は大きな声をあげて泣いたわ。「アボジ、アボジ、お父さん。その人は私の大切なお父さんよ」

そうして、その人を手荒く扱った者を罰するように、召使いに命令したの。

目の見えない乞食の沈《シム》は新しい服に着替えさせられて、王妃のところに連れて行かれたの。

「いったいこれはどういうことだ」愛しい娘の声を聞いて、目の見えない沈《シム》は、「雪の中で杏の花は咲くだろうか、馬に角があるだろうか、死んだ者が生き返るだろうか。わしの目が見えれば、お前が本当に沈清なのかどうか確かめられるのに」と言ったの。

老人が、自分の見えない目を撫でた時、お坊さんが予言したとおり、突然その目が見えるようになったのよ。

沈清の図

その話を聞いた王さまは、愛する王妃のお父さんに褒美を山のようにあげたのよ。立派な家をあげたの。宮廷で高い位をあげたの。年取ったお父さんの衣食の面倒をみるお嫁さんまで見つけてあげたのよ。
そうして、沈清王妃はその日は一日中幸せだったわ。そうして、「目の見えぬ乞食沈《シム》の忠実な娘に天からの報いが授けられるだろう」という龍王の約束は、本当に果たされたのよ。

【解説】

「沈清伝」は、「伝奇叟《チョンギス》」と呼ばれる街頭講釈師の出し物やパンソリの語りから生まれた朝鮮王朝後期の代表的ハングル小説で、韓国でもっともよく知られた話の一つです。韓国昔話の優れた研究者である崔仁鶴は、この話の幾つかのモチーフは、すでに『三国史記』や『三国遺事』にも見られ、高句麗、新羅、百済の三国時代にまず「親に孝行し王に忠誠を尽くす」という思想が体系化され、そこに仏教や龍宮信仰などが加えられて、朝鮮王朝期の「シムチョンの話」が生まれた可能性があると指摘しています。

「沈清伝」は韓国を代表する、韓国固有の物語と考えられていますが、興味深いことに、日本の北の端の青森、岩手と鹿児島、沖縄などの南の端を中心に、「沈清伝」と同じく「孝行娘（あるいは孝行息子）が水の神の人柱となり、盲目の親を救う」という話が伝承されています。その多くは、「欲深い長者の妻が蛇体の沼の主となり人身御供《ひとみごくう》を求め、孝行娘が親を救うことと交換に人柱にたちますが、その孝心に触れて沼の主が再び人として蘇生し、娘の親の目も開き、幸せに暮らす」という展開を持ちます。「沈清伝」のように龍宮や龍神は登場しませんが、沼と沼の主という水底の世界、蛇体の水の神が登場します。

そして、また沖縄の宮古島に伝えられる「息子の花」（日本昔話通観・沖縄339）は、「孝行息子が盲目の父を助けるために船主に身を売って父を助け、人柱として海に飛び込む。息子の孝心に感じた龍神に助けられて龍宮で過ごす。三年の後に航海を守る不思議な花として蘇り、王に献上され、子どもの姿で花から生まれ、王の援助で盲目の父と再会する」という展開で、まさに「沈清伝」の男性版ということができそうです。

韓国の歴史に育まれ、韓国固有の物語とされてきた「沈清伝」が、「水の神」と「孝子」を核として、万国津梁の沖縄をはさんで、日本列島の南と北の口承文芸と深いつながりを持つという事実は、今後の日韓の物語研究にまた一つ興味深い視点を提供するものと期待されます。

9　千年生きた男

金《キム》家の屋敷ではみんな気もそぞろだった。もうすぐ一年の祝日のうちで一番めでたい正月を迎えるのだった。紫檀の大きな角灯には新しい花模様の紙を張り込んでいき、蜜蝋のろうそくが角灯の数に足りているかを数えていく。家族の正月の晴れ着を早く縫い上げようと、女たちは飛ぶような速さで針仕事をしていた。正月の晴れ着とは、白絹の綿入れのチョゴリ、パジ、チマ、そして明るい緑と赤と紫の子どもたちの冬着だった。

ヨンドとオクジャやいとこたちも忙しかった。女の子たちは紙できれいな造花を作り、男の子たちは正月の凧上げ競争の凧の最後の仕上げだった。そしていつものように、家族の仕事の真ん中にはハルモニの部屋があった。

ある日の午後、みんなが座って黙々と仕事をしていた時、ハルモニの次男キム・ドンチンが母親を探しに来た。

「しめ飾りに使う品が四つありますよ、オモニ。飾りを用意しましょうか。サンザシの枝、雄牛の草鞋《わらじ》、粟、塩袋。みんな揃っていますよ」

ハルモニは目の前に集められた魔除けの品々を品定めして、満足そうにうなずいた。

「そうだね、用意しておくれ」

凧をゆっくり慎重に地面に置いてから、ヨンドは叔父さんが棘のあるサンザシの木と雄牛の草鞋と古い塩袋に入れた粟を結びつける手伝いをした。二人は長さが砧の杵くらいある包みを上手に作った。それからヨンドは叔父さんといっしょに舎廊棟に行き、大門の上にそのお守りをしっかりと結びつけた。

「どうしてこんな物を門に飾るの、ハルモニ」

ヨンドはまた凧を作りに戻ってくると、おばあさんにたずねた。

「悪い鬼神を追い払うために決まってるじゃないの、お馬鹿さんね。これより強いお守りはないのよ。毎年、新しく門飾りを作らなくちゃいけないのよ。古い飾りは風や雨でちぎれてしまって効き目が弱くなってしまうのよ。東方朔《トンパンスク》じいさんみたいにお守りをなくして、あの世に連れて行かれるのは、いやよ。東方朔は千年も生きていたけど、もしもサンザシと雄牛の草鞋と塩袋と粟をしっかり身につけていたら、きっと今でも生きていたはずよ」

「千年も生きた人なの、ハルモニ」とオクジャがたずねた。オクジャの細くて黒い目は驚きで輝いていた。

一万年生きたという人もいるわ、いい子たちね。でも私のお父さんは、それではあんまり長すぎると言ったわ。東方朔が生きたのはたしかに千年よ。きっと玉帝の記録官の誰かが間違えたのね。そこには生命の書が収められていて、すべての人の名前が書いてあるのよ。裁判官はそれを見て、一人ひとりが玉帝の国に入る順番を決めるのよ。

ひょっとしたら東方朔のページが重なってくっついてたのか、それとも、裁判官が生命の書を早く棚に返そうとしてページを速くめくりすぎて読み飛ばしたのね。理由がなんにせよ、東方朔ハラボジの名前は見落とされてしまって、ハラボジの魂を地上から引き離す使者が送られないままになってしまったのよ。

東方朔は人の寿命いっぱいまで生きたというのに、呼び出しがかからなかったのよ。ハラボジはどうなったでしょう。人が取れるだけ年を取ってしまったから、もうそれ以上は年を取らなくなったの。ただただ生き続けたのよ。百年、二百年、三百年とね。

子どもの頃の友達はもうとっくに彼岸に行ってしまっていて、幼馴染《おさななじみ》の東方朔が来ないのを寂しがったの。「いったいどういうことだ」と、幼馴染たちや玉帝はそう言い合ったものよ。「東方朔は、いったいどうしてこんなに長く地上に居残ってるんだ」

それから、また百年、二百年、三百年経ってから、生命の書の東方朔のページが見つかって、とうとう天に送るために使者が送られたのよ。その使者はもちろん鬼神だったけれど、人の姿をしていたの。目の見えない乞食の娘の沈清《シムチョン》のように、使者は喪人（死者を哀悼する人）に変装していたの。大きな帽子で顔を隠して、使者は東方朔を探して地上を歩き回ったの。

その頃には、東方朔は自分がものすごく長生きしていることに慣れてしまっていたの。暮らしは毎日穏やかで、風も雲もなかったわ。東方朔は毎日もっぱら川の土手で我を忘れて釣りの楽しみにふけっていたのよ。死にたいとは思わなかったわ。ある日天の使者がやって来て自分を捕まえやしないかということを一番恐れていたの。六十年ごとに東方朔は名前を変え、住む村も変えて見つからないようにしていたの。けれどもいつも釣りをしていたのよ。

でも、とうとう鬼神の使者はこのおじいさんがいつも川の土手に座って釣りをしていることを聞きつけたの。鬼神はこの人こそ探してる相手にちがいないと思って罠を仕掛けたの。東方朔が釣りをしている所からそう遠くない場所で、鬼神の使者は炭袋をたくさん川に投げ込んだのよ。川の水は黒く濁って、まるで墨汁《ぼくじゅう》のようになったわ。

「どうしてこんないたずらをするんだ」釣りの邪魔をする黒い濁りのもとが何なのかを知った東方朔じいさんはこうたずねたの。

「おぉ、おじいさま、私はただ炭を洗っているだけでございます。すぐに、あなた様のその上着のように白くなります」と鬼神は答えたの。

「なんだと、とんでもない」と東方朔は頭を振りながら大声をあげたのよ。「わしはこの土地にもう九百年も住んでいるが、黒い炭を洗えば白くなるなんて馬鹿なことを言う奴に会ったのは初めてだ」

探していた相手だということがわかって、鬼神は大喜びしたわ。東方朔じいさんがどこに行っても後を追いかけて、あの世に連れて行くすきをうかがったのよ。すぐ後ろにぴったりくっついて離れなかったから、東方朔は「いったいこいつは何者だろう」と怪しんだの。

「あなたは、勇気があって学のあるお方だ」ある日東方朔は鬼神にこう言ったの。「このあたりの田舎道は危険だよ。旅をしていてそういう心配はないのかい」

「田舎道は怖くはありませんし、危ないことは何もありません」と鬼神は答えたけれど、実は鬼神は東方朔ほど頭の回転が速くはなかったのよ。

鬼神は、「この地上で怖い物は四つだけですが、それには絶対に近づきません」と言ったの。

そこで東方朔は、「あなたのように立派な方が恐れる四つの物とはいったい何ですか」と礼儀正しくたずねたの。

鬼神は、「サンザシの枝、雄牛の草鞋、粟、それから塩袋ですね。これが四つ揃っていると私は滅びてしまう」と正直に答えてしまったの。

そして、今度は鬼神が「それではあなたの方はいかがですか、父上さま。あなたが一番怖い物はなんですか」とたずね返したの。

さて、東方朔じいさんは、年をとっていたから、悪知恵を働かせて「わしが一番怖いのは、子豚の丸焼きとマッコリですよ」と鬼神に答えたの。

奇跡というものは、思っているよりもよく起きるものなのよ。そして、ちょうどその時に、奇跡が一つ起きたの。二人が立っていた道の脇のサンザシの木の下に粟が伸びているのが見えたの。そして、そのそばの道の脇に、雄牛の草鞋と空っぽの古い塩袋があったの。

雄牛の草鞋と塩袋を拾って抱きかかえると、東方朔じいさんは急いでサンザシの木の下に逃げ込んだの。頭の上に手を伸ばしてサンザシの枝を一本折り取ると、足の下に生えていた粟をいくらか集めたの。こうして手早くお守りの材料を集めると、その四つを一つにまとめたの。ちょうどうちの門に架けてあるようにね。

みじめな鬼神は、危なくないように少し離れたところから、サンザシの木の下から出てくるようにおじいさんに頼み込んだの。鬼神は泣いたり怒ったりしたけれど、お守りがあるせいでそれ以上近づくことができなかった。

そこで鬼神は、東方朔じいさんが一番怖いと言った物を思い出して、村に行って子豚の丸焼きと徳利いっぱいのマッコリを持って帰ってきたのね。それを東方朔じいさんに投げつければ、隠れ家からじいさんを追い出せると思ってね。

ところが、東方朔は出て来るどころか、豚の丸焼きをむしゃむしゃ食べながら嬉しそうにマッコリを飲んだの。鬼神は驚き呆れて首を振って、その日は、じいさんを天に連れ帰ることを諦めたの。

けれども、鬼神の使者はへこたれなかった。天に飛んで帰って、この捜索を諦めたりはしなかったの。百年以上の間じっと目を離さずに待ち続けたのよ。サンザシと粟と雄牛の草鞋と塩袋のお守りを東方朔がうっかり置き忘れないかとね。

そしてついに、鬼神の使者のがまんが報われる日が来たわ。ある日、おじいさんは釣りに行く時に、お守りをうっかり置き忘れて、鬼神は天の国におじいさんを連れ去ったの。

それからというもの、東方朔じいさんのお守りの秘密を知った人たちは、悪い鬼神を避けるために東方朔と同じようにすることにしたの。寿命が来ても人が天国に行かなくてもいいことにはならなかったけれど、おかげで、いろんな悪霊が屋敷にやって来るのを防ぐことができたの。もしこの通りのどこかに門飾りのない家があれば、きっとその家の人たちは運の悪い暮らしをしているはずよ。

【解説】

東方朔は、漢代の武帝に仕えた実在の人物ですが、知恵に富み、さまざまの逸話や伝説を残しました。この話も、そうした伝説の一つです。

韓国では、人の運命は神の生命録に記されているので、生命を自ら延ばすことや縮めることはできないと信じ、干支や生年月日などによって吉凶を占い、幸運や長寿を呼び寄せることがよく行われました。また悪鬼や穢れを避けるために家の大門に注連縄や魔よけを飾る風習も各地で見られます。

この話のように死神を何度もだまして、死を免れる話は「死神と鍛冶屋」（ATU330）として世界中に知られています。ヨーロッパによく見られる話では、鍛冶屋が聖ペテロから「坐ったら立てなくなるベンチ」「入ったら出られない袋」「必ず勝てるトランプ」などを授かり、それを使って死神を翻弄して死を免れます。

10 蛙にもらった宝

「お客様に贈り物をお持ちしなさい、ヨンド」

金家《キム》の主人・金弘集は、そばに来るようにと手を叩いて息子を呼んだ。この子が父親の書斎に山のように積まれた年賀の贈答品を急ぎ足で取りに行くのは、正月の初めの一週間で、もう百回目だ。「この方は大切な客だから、上等の絹織物を持ってくるように」と、父親はそっとヨンドに囁いた。

正月は、とても活気のある季節だ。挨拶に来る人が金家《キム》の門をひっきりなしに出入りする。ハルモニの客が乗る輿《こし》は、案内されて内棟《アンチェ》まで入って来る。そこなら、下男が行ってしまえば、女性の客は見知らぬ男性と顔を合わせる恐れなしに、輿の帳《とばり》を開いて外に出ることができるのだ。

金家の住まいは壁や床や格子窓をきれいに張り替えていた。少女たちが作った造花が部屋を明るく華やかに飾っていた。一番立派な刺繍のある簾《すだれ》を懸け、壁には一番上等な軸を架けた。家族の男たちそれぞれが晴れやかな新しい絹の服を着た。

子どもたちは改まった雰囲気を感じ取っていた。正月にはどの子もみな一つ年を取るのだ。「誕生日が二つあるのは素敵だわ」とオクジャは考えた。オクジャの誕生日は夏で、正月は誰でもみんなの誕生日だった。

「お客様にお餅と蜂蜜水をお持ちしなさい、オクジャ」

この時期にハルモニは、何度も何度もそう言うのだった。この美味しい松の実を浮かべた金色の飲み物は、内棟のみんなの大好物だった。米や豆の粉で作った甘い餅は、鮮やかな桃色と緑色に染めた煎り米で飾られていた。小さなカラス餅は、王妃の玄琴《コムンゴ》のケースの中に泥棒が隠れていることを、カラスが王さまに知らせたという古い物語にちなんでいた。

オクジャたちは松の実と蜂蜜で作った飴が一番好きだった。蜂蜜は、海を越えて砂糖が韓国に入ってくるまで、遠い昔の人々が知っていた唯一の甘味料だった。

「お食べ、お食べ」と、正月はあちこちから声がかかった。韓国人は、いつだって食べ物、それも量の豊かな食べ物が好きだが、特に正月には誰もが「もうこれ以上食べられない」というくらい食べるのだ。正月の食事は、その年に口にできる食べ物の豊かさを予言するというわけだ。

「飲みなさい、飲みなさい、飲めばすぐに耳が良くなるよ」とも言った。この時ばかりは小さな子どもも、「良い知らせがすぐに耳に入る」ようになるために、酒を少し口にするのだった。

舎廊房《サランバン》と同じように、内棟《アンチェ》にも来客への贈り物が置いてあった。ハルモニは、来客に渡すために積み上げた贈り物の山を満足そうに見た。その中には、空の青色のカワセミの羽と珊瑚をあしらった銀の髪飾りがあった。黒と朱色の漆が光る箱や、小さな刺繍細工、それに絹の布もあった。飴や餅と一緒に、新婦の華やかな髪飾りもあった。

正月の初めのある午後、座って来客を待ちながら、ハルモニはオクジャに「今年の贈り物は立派だわ」と言った。

「なんてたくさんあるの、ハルモニ。本当にきれいね」

「そうね、おちびさん。きれいだし、たくさんあるわね。羅《ナ》の夫婦が蛙からもらった贈り物のことを思い出したわ。もちろん、これよりずっと高価な品だったけど」

「それはお話なの、ハルモニ。蛙と豪華な贈り物の話をしてちょうだい」と、新しいチマを汚さないように気をつけて座りながらオクジャがねだった。

そうね、これはお話よ。正月にふさわしいお話だわ。福についてのお話だもの。金剛山《クガムサン》の小屋に住んでいた羅《ノ》という貧しい夫婦を訪れた福の話よ。

羅夫婦は、草葺屋根の家で二人が死んで、地上の門の向こうに行ってしまっても、祈ってくれる子どもがなくてとても不幸せだったの。貧しい二人には、死んだ後に供養をしてくれる養子をもらって育てるお金もなかったの。

山のふもとの水田からは夫婦が生きていくだけの米はとれたの。石の多い畑でも白菜と大根と唐辛子ができて、夫婦二人分のキムチを作ることができたわ。飼っていたニワトリは少しだけ卵を産んだし、岩山の蜂の巣から蜂蜜を探すこともできたの。だから夫婦は飢えることはなかったのよ。

近くの山の湖で釣った魚を下の谷の村で売って、着る物や塩を買っていたの。そういうことだから、ある朝、湖が干上がって魚がみんな消えてしまっていたのを見た時に羅夫婦がすっかり困ってしまったのがわかるでしょう。

その時、土手にすごく大きな蛙がまるで人間のように座っていたの。蛙は、ちょうど湖の水を全部飲んでしまったところだったのよ。

かわいそうな羅は「この悪い蛙め」と蛙を叱ったのよ。「わしの湖の水を飲んで魚を食ってしまうなんて、お前にはいったいどんな鬼神が憑いてるんだ。こんなひどい災難は初めてだ」

すると蛙はていねいにお辞儀をしながら、静かにこう答えたの。「ご主人さま、私も困ってしまいました。湖が消えて後悔しております。湖は私の家だったのですから。私にはもう安心して住める家がございません。あなた様のところにおいていただけないでしょうか」

これだけのことをされたのだから、最初は羅も断ったのよ。でも、蛙の礼儀正しい物言いが、羅の心を穏やかにしたの。

羅が、ものすごく大きな蛙を小屋に連れて帰って来ると、女房はすごく嫌がったわ。けれども山の麓はさみしい所で、蛙が話して聞かせるおもしろい話に女房も興味を持ちはじめた。女房は蛙の寝床にと木の葉を敷いてやり、蛙が過ごしやすいようにと水を汲んできては木の葉を濡らしてやったのよ。

次の日の明け方、羅夫婦は蛙の大きな鳴き声で起こされた。そのやかましさといったら、まるで病人のお腹から鬼神を追い出そうとする巫堂《ムーダン》のようだったわ。

急いで板の間に出てみると、大きな蛙が天に向かって叫んでいて、東の天の紅の光に照らされた中庭には、山のような宝が輝いていたのよ。

蛙が親切な主人にあげた宝ときたら、私たちの正月の贈り物とは比べものにならなかったわ。銅貨だけじゃなくて貴重な銀貨も降ってきて、満杯の米袋も、キムチの甕も、昆布も、上等の魚の塩干もあった。木綿や絹の反物、帽子、分厚い靴下《ポソン》、新しい木靴《モックァ》。それに扇子、キセル、金銀の装身具。蛙が羅夫婦にあげた物の中には、ないものはなかったのよ。

蛙にもらった見事な輿に乗って、羅の妻は谷あいの家々の内棟の庭《マダン》を訪れて、仲良くなった女性たちから、近隣の噂をたくさん聞いたの。

蛙は、妻が帰ってくるたびに「ユンオクの噂を聞かせてください」といつも尋ねたの。「玉蓮」とも呼ばれたユンオクは、北の地方で一番裕福な両班の末娘だったの。マダンでの噂では、ユンオクは国中で一番の美人だったわ。その肌は白雲のようで、目と髪はカラスの羽のように黒かったの。その身のこなしは、春風にしなる竹のように上品だったのよ。

「私はユンオクと結婚したいのです、オモニ」

いまでは羅の妻から「私を実の母親だと思いなさい」と言われている蛙は、こう言った。「ご主人さま、今すぐユンオクを訪ねて、私の妻になるように頼んでください」

「きっと叩かれるに決まっている」偉大な両班に娘を蛙の嫁にくれと頼むことを考えて、羅じいさんはぞっとした。けれども蛙は言葉巧みにじいさんを説得し、結局じいさんは行くことになった。じいさんは、たいへん立派な着物を着ていたので、両班の召使いはすぐにじいさんを客間に通してくれた。

さて、この誇り高い両班は、上の二人の娘がつまらない若者と結婚していたので、末娘のユンオクにはもっといい相手を見つけてやろうと決心していたの。

「その求婚者は、裕福なのか」父親は羅に尋ねた。

「もちろんです、旦那さま。裕福でございます」

「翡翠の帽子飾りはどんな種類だ」と父親はたずねたけど、それは相手がどんな役職なのかをたずねるのと同じことだったの。

「さぁ、それは詳しくはわかりかねます」と羅じいさんは言ったの。

「その男は男前か。名は何という」これは、結婚相手を世話する人に、父親がいつも決まってたずねることだった。

かわいそうなじいさんは、「私が思うに、男前だとは申せません」と答えたの。「それから名前でございますか名は蛙と呼ばれておりまして、そう蛙でございます。けれども人間と同じくらい大きい蛙でございまして、その口から出るのは黄金の言葉なのでございます」

「蛙だと！　それは侮辱ではないか。棍棒を持って来い」両班は怒って叫んだわ。

不幸な羅じいさんは取り押さえられて地面に寝かされて、容赦なく叩かれるのを覚悟したの。下男たちは恐ろしい棍棒の固くて平たい端を持って振り上げたの。羅じいさんが、今まさに叩かれようとした時、太陽に黒い雲がかかって、稲光が光り、恐ろしい雷が鳴り響いて、下男たちは持っていた棍棒を落としてしまったの。

両班が、羅じいさんを解き放つように命じると、太陽は輝きを取りもどし、地上に光がもどったの。

「これは玉皇大帝からの知らせに違いない」と両班は悲しそうに言って、娘のユンオクと蛙の結婚に同意したのよ。

大きな蛙が花婿の白い馬に乗っているのだから、それは、とても奇妙な光景だったわ。花婿の姿は、もちろん花嫁には見えないのよ。しきたりで花嫁の目は蝋で塞いであったんだからね。ユンオクが、蛙と結婚したことを知ったのは、披露宴のお料理を食べ終わってからよ。

「泣くんじゃないよ、ユンオク。少し待ちなさい」と不思議な花婿は花嫁を慰めたの。そして、新婚の部屋で二人きりになった時、蛙はユンオクに鋭い小刀を渡して、背中の皮を切り裂かせたの。

すると、皮の中から美しい顔立ちの立派な若者が現れて、ユンオクの前に立ったの。それは、絹のトルマギを着て、髷には一番上等の翡翠の飾りを付けた両班の中の両班だった。それから若者は、不思議な出来事をこう説明したのよ。

「私は星の王の息子なのです。私の父は私の行いに機嫌を損ねて、私を懲らしめることにしたのです。私を蛙の姿にして地上におろした父は、聞いたこともない三つの務めを果たすように私に命じたのです。

最初に、湖の魚を全部食べて、水を飲み干さなければならなかった。二つ目に、蛙の私は人間の夫婦の養子にならなければならなかった。三つ目に、国中で一番の美女と結婚しなければならなかったのです。これらの務めを果たして初めて、私は父のいる星の王国に帰ることができるのです。

そして三つの務めは果たされました。けれども私が帰る時間はまだ来ていない。星の王国に帰る時には、天上でいっしょに暮らすために私はあなたを連れて行きます」

喜んだ花嫁は、蛙の皮を縫い合わせて、花婿をもとの蛙の姿に戻したの。そして花婿は、結婚した花婿の決まりにしたがって、旅に出たの。花婿が新婦を気に入りすぎたとは思われないようにね。

蛙の花婿が行ってしまうと、二人の姉さんやその愚かな夫たちが、蛙の夫のことでユンオクをからかったけれど、ユンオクはただ微笑んでいるだけだったの。

ユンオクの両班の父親は、許したとはいっても娘の結婚を嬉しくは思ってなかったの。そして、ユンオクの父親の還暦の祝いの日がやってきたの。誰でも知ってるとおり、還暦は男子にとって人生で一番大切な行事だから、家族全員が祝宴に呼ばれたわ。ただし義理の息子になった蛙だけは呼ばれなかったの。

姉たちの夫は、山に狩りに行ったり、川や湖で魚を釣ったりして、祝宴の食べ物を集めることになっていた。蛙の婿は、祝宴の話を耳にすると、虎一族の王を呼び寄せて、「獣をすべて集めろ。大きいのも小さいのも、みんなお前の穴の中に隠せ」と言ったの。「あの釣り人どもに獲れないようにしてやれ」魚の王を呼んで同じように命令したの。ヒレのある生き物を、川や湖の底にみんな隠せとね。そういうわけで、婿たちの狩りは獲物がなかったし、魚も釣れなかったから、還暦の祝宴に食べ物を何も用意できなかったの。

ところが、両班ががっかりして、悲しくて手を握りしめていると、この屋敷では見たこともないような行列が門を入ってきたの。馬は、イノシシや柔らかな若い鹿を乗せているし、魚は何でもそろって、野鴨もあって、お客が食べきれないほどの獲物が運び込まれたのよ。

行列の先頭は、虎皮の椅子をのせた輿を十六人の男が担ぎ、輿には立派な姿の若者が坐っていた。この光り輝く王子が、実は末娘の嫌われ者の夫で、蛙の皮をかぶっていたと知った時の両班の父親の驚きようは想像がつくわね。

両班の父親が義理の息子に頭を下げるなんて習慣は聞いたこともないけど、父親は星の王子に頭を下げたの。父親は彼を無視したことを詫びたわ。そして蛙の夫に祝宴の貴賓席をすすめたのよ。けれども星の王子は、ただ花嫁に長旅の準備をするようにと告げただけだったわ。そして大きな雲が天国からやって来て二人を天上に連れ去って行ったのよ。その夜、天文学者たちは夜空の真ん中に明るい二つの星があるのを見つけたわ。その星は、美しいユンオクと星の王の息子の蛙の星としか考えられないわね。

蛙から羅じいさんがもらった財産は、じいさんが生きている間はずっとなくならなかった。じいさんの富は増えるばかりで、官位を示す帽子には翡翠の飾りをつけていたわ。羅じいさんのお屋敷は、一年中正月のように華やいでいたのよ。

【解説】

韓国の新年は、現在でも旧暦で祝われ、日本の年の暮れと同じように家を掃き清め、華やかに飾ります。

新年は、まず家族で祝われますが、最初に家族の挨拶を受けるのは先祖の霊で、金《キム》家のような格式の高い両班一族の場合は祠堂で一族の四代祖までの位牌に特別に用意された食事と酒を備えて「茶礼《チャレ》」という祭祀を行い、続いて年長者に「歳拝《セーベ》」という年賀の挨拶をし、これが済むと茶礼で祖先に供えた食事を家族で分かち合い、日本の雑煮とよく似た「トックク」という餅《トック》の入った汁物を食べて、やっと皆で正月を祝います。この話の冒頭で語られる一族以外の人の年始回りとプレゼントの交換は、こうした家族の儀礼が終わった後のことだと思われます。

ここでハルモニが語る蛙の報恩譚の「人間の子供として育てられた醜い異類（蛙）が、知恵を使って長者の婿になり、美しい若者に変身する」という基本的な構造は、日本の「田螺息子」（大成134）と同じです。韓国の話には、主人公の蛙息子が大監《テガム》の婿に入るために、同じく日本の「鳩提灯」（大成126）のように、「鳥の足に提灯をつけて飛ばし、大監の娘との結婚が神の意思であると偽る」いうモチーフが付け加わる例が多く見られますが、この話にはそのモチーフがなく、かわりに蛙息子が不思議な業で大監を脅かします。これは、蛙息子が実は玉皇上帝の息子であるからです。

ヨーロッパでも、蛙が実は身分の高い王子であり、魔法により姿を変えられていたという「蛙の王子」（ATU440）という話がよく知られています。『グリム童話集』の冒頭を飾る「蛙の王様」では、王女に執拗に結婚を迫る蛙の正体が、じつは魔法にかけられた王子で、最後に王女に壁に投げつけられて潰されると、美しい若者に変身します。

11　上元節のお祝い

「私は顔を九回洗うわ、ヨンド。歯も塩で九回みがくわ」オクジャは一月十五日の朝、兄にそう言った。

「ぼくは、髪を九回梳くよ。それに今日は木の実を九種類食べるんだ」と、兄のヨンドはそう答えた。

その日は上元節、正月の祝日の終わりの日で、新年の幸運を確かめる最後の機会だった。どの子どももその日のうちに「幸運の九」をどれだけ見つけられるかを競うのだった。

女性たちもまた数字の九は幸運をもたらすと信じていた。家族には喜んで九種類の料理を用意し、床は九回拭き、温突《オンドル》には九回薪をくべた。家長は家の先祖の位牌の前では九回おじぎをした。

オクジャとヨンドの威厳ある父親は、この日は恒例の行事を忘れないように気をつけ、彼の二人の弟と子どもたちが、藁で一族の三人の男を表す人形を作るのを見守った。藁の中に隠し入れるために、家長は弟たちに銅の穴開き銭を何枚か与えた。藁人形に着せる古い上着をどれにするかも家長が決めた。大人も子どもも、一族の男はそろって大門まで行き、藁人形が通りに投げ捨てられるのを見物した。

「子どもたちが通りで藁人形に飛びつくのを見ればよかったのに、ハルモニ」と、その時の様子をヨンドが報告した。「古い服を脱がせて中のお金を取るために、藁人形に飛びつくんだよ」

「それでいいんだよ」おばあさんは、すっかり満足してうなずいた。

「藁人形が蹴られれば蹴られるほど、うちの男たちは運がよくなるんだよ。悪い鬼神をうまくだませたことになるのよ。鬼神は、藁人形が本当にお前のお父さんや叔父さんだと思うの。良い鬼神は、お前がたたんで人形に入れた紙のお祈りを読むでしょう。良い鬼神はわが家に病気が近づかないようにしてくれるわ」

ヨンドは自分で、藁人形の中に隠した紙切れにお祈りを書いた。ていねいな筆遣いで「これからの十二ヶ月の間、病気や不幸から私たちをお守りください」と書いた。ヨンドは、藁人形が蹴られてばらばらになるのを確かめるまで、大門からじっと眺めていた。

「去年の悪い運は藁人形といっしょに消えてしまったわ」と、ハルモニは子どもたちに言った。

「お前たちのお父さんたちは、これで新しい年をはじめられるのよ。古い、運の悪い自分を捨てたのよ。今日こうして新しい人として、新しい年をはじめるのよ」

オクジャとヨンドは、時々、上元節の方が正月よりもいいと思った。二週間続くこの正月の祝日には来客と贈り物があり、食べ物はおいしいし、鬼を追い払うための爆竹があるし、楽しみでいっぱいなのだった。絶えず跳び板が、跳ねていた。女の子たちはその上にまっすぐに立って空に高く高く飛び上がった。ハルモニの一番年上の孫娘の梅姫《メイヒ》は、この遊びに熱中していた。

当時の韓国の女の子は、座って板跳び《いたと》（シーソー）をしたいとは誰も思わなかっただろう。そういう習慣はなかった。空中に高く飛び上がるのはそんなにドキドキしなかっただろうし、上手に両足をついて着地するのも怖くなかっただろう。オクジャのような小さな娘は、安全に着地するように、頭上のロープを握りしめていた。

「アボジがよく言っていたわ」とハルモニが説明した。「内棟に閉じ込められて外に出られない女の子は退屈でたまらないから、跳び板が発明されたんだと言うの。高く跳んだ女の子には、塀の向こうの通りが見えるからね」

上元節には、金《キム》の屋敷の上空にいくつも凧があがっていた。一番低い凧は、その赤や緑や紫の色がよく見えた。もっと高くあがっている凧は、青空に黒い鳥が群れているように見えた。

ヨンドといとこたちは、この日の凧合戦のための凧を作り終えた。丈夫な絹の撚り糸で二本の竹の芯棒が交差するように慎重に結んだ。その二本の竹の棒の端から端に別の絹の撚り糸をぐるりとまわして、凧の外枠をこしらえた。それからその枠を桑の樹皮を漉《す》いて作ったきれいな韓紙で覆った。凧の真ん中の交差した部分は紙がかからないように気をつけて開けておき、その部分の紙を小さな円形に切り抜いて、絹の撚り糸を竹の芯棒にしっかりくくりつけられるようにした。凧あげの糸巻きも、凧と同じように慎重に作った。

板跳びをする女の子たち

凧を上げる子どもたち

ハルモニは、男の子たちが凧糸に塗り込める鋭い陶器のかけらを用意してやった。凧糸を最初に膠《にかわ》に通し、その糸を砕いた陶器の粉に通すことで、凧糸には鋭いギザギザができるのだった。凧の合戦では、糸を操って他の凧の糸を切り裂いた者がその日の勝者だった。ヨンドは自分の凧が最後まで上がっていたのが自慢だった。同い年の少年の中でヨンドが一番になったのだ。

ハルモニは、「凧が一番最初に作られたのは、何百年も昔のことよ」とオクジャたち少女に言った。勝ったヨンドの凧が大門の向こうの通りの空にあがっているのを、みんなは内庭から眺めていた。日本の「倭人《ウエノム》ども」がやって来て、何度も何度も私たちの国を征服しようとした頃のことよ。私たちの小さな王国の兵士たちの戦況はよくなかったの。ある夜、星がひとつ、まるで矢のように兵士たちの上空を横切ったの。矢のような星は、誰でも知ってるように悪運の印だった。みんながっかりしたわ。次の日の戦いで自分たちがきっと負けると思ったの。将軍は兵士たちの意気を高めようと考えたの。将軍は大きな凧を作って小さな提灯を縛り付けたの。そうしてその凧を空に高くあげたのよ。

兵士は提灯の光を見て叫んだのよ「これは吉兆だ。新星が空にあがってるぞ。確かな勝利の前兆だ」次の日、勇気と力を新しくして戦った兵士たちは敵を蹴散らしたのよ。

ハルモニは上元節の他の行事について、子どもたちに説明したいと思った。

今夜はね、山の上に農夫が集まって満月が昇るのを見るのよ。今夜の月の色を見れば豊作かどうかがわかるの。もし月が白かったら雨が多いという意味なの。もし赤かったら雨が足りなくて田が干上がってしまうのよ。でももし見事な黄色、金色の菊の色だったなら、ちょうどいい雨になって米は豊作になり、飢饉の鬼神は門から入れなくなるのよ。

「そして農夫は竹を採ってきて、よい雨が降るのはどの月かを、小豆《あずき》で占うの」とハルモニは話を続けた。農夫がどういうふうに若竹の節《ふし》を割って、十二の節に小豆を一つずつ入れるかを説明した。農夫は半分に割った竹をもう一度合わせると、雨露で濡れることのない場所に軽く土をかけて埋めておく。

小豆は、それぞれが十二ヶ月のうちのひと月を表しているの、とハルモニは言った。農夫は上元節の夜に、竹を掘り出して中の豆をひとつずつ調べるの。一番水気の多い豆があれば、それが雨の一番多い月になるのよ。

街なかでも上元節の夜には特別な行事があった。男は、大人も子どもも自分の歳の数だけ橋を渡るのだった。おいしい物を詰めた行楽用の籠をさげて行って、橋の上で出会った知人といっしょに飲んだり食べたりするのだった。

ヨンドにとってその日の出来事で一番ハラハラするのは、街外れの寒い野原で開かれる石合戦だった。

「今日の午後の石合戦を見ればよかったのに、ハルモニ」と、夕飯を食べている時にヨンドがおばあさんに言った。「まるで本物の戦いみたいだったよ。けが人が大勢出たんだ。二つの組が、一列に並んで向かい合って、みんな肩当てをして特別な帽子をかぶって頭を守ってたよ。石を投げはじめた時の鬨《とき》の声を聴けばよかったのに。上手に石をかわすのを見ればよかったのに。本当に小さなやつだけど、石が一つお父さんの頭のすぐそばに飛んで来て帽子を飛ばしたんだ。ぼくは、ほんとに恐ろしかったよ。でも帽子は何ともなかったんだ」ヨンドは急いでつけ加えた。「お父さんは、そんなこと気にしてなかったよ。観客と一緒になって大きな声を出してたよ」

「石合戦で頭を怪我する人が多すぎるわ」とおばあさんははっきり言った。「まるで本物の戦いみたいだけれど、昔の石合戦のような良い目的はもうなくなってるのよ」

「最初の頃の石合戦のお話をしてよ、ハルモニ」とヨンドはせがんだ。「ずっと昔のことなの」

「とてもとても昔のことよ」とおばあさんはうなずいた。

どのくらい昔のことなのか誰にもわからないのよ。きっと、馬に乗った兵士がモンゴルという北の国から私たちの国を襲ってきた頃のことだわ。それは、荒々しい騎馬武者を連れて私たちを征服しに来た首領のチンギス・ハンの時代のことだと思うわ。それとも、もっと後に私たちの財宝を狙って中国人がとなりの満州を横切ってやって来た時のことかもしれない。

いずれにしても、戦争の真っ只中のことよ。勝利分け目の戦いの最中のことよ。一人の勇敢な韓国の将軍が自分の兵を山の中の狭い道に並ばせたの。将軍の兵士たちは虎のように勇敢で強かったけれど、銃の火薬が底を突いていたのよ。歯や爪がなければ虎は戦えないでしょ。火薬なしでどうやって兵士たちは戦えばいいのかしら。

将軍は、床《とこ》の中で思い悩んだの。心が本当に重苦しくてあまり眠れなかったのよ。けれど良い鬼神が夢の中に現れてこう言ったの。「うろたえることはない。それほど遠くもない所の木の下に、山のような石があるだろう。それを敵に投げるのだ。そうすれば敵を蹴散らすことができる」

夢から覚めた将軍は、ただちに部下を木の下に集めて、山のような石を見せたの。そして、勇敢な兵士たちは前進して来る敵の頭めがけて尖った石を、まるで雨のように浴びせかけたのよ。敵が一人残らず死んでしまうまで、力いっぱいこれでもかと石を投げ続けたのよ。

この奇妙な戦いの様子が王さまに報告されると、王さまは宮廷の中庭で石合戦を再現することを楽しみにするようになったの。それから毎年、田の稲が刈られた後の、そんな遊びの季節に、王さまのために石合戦をするようになったのよ。

この時から王さまは、北からの敵の攻撃に備えるために道の脇にたくさんの石を積み上げたの。将軍の夢に現れた良い鬼神の話は国中に広まったわ。石積みの脇を通る旅人たちも、その上に小石を投げて積みはじめたの。いつかよい鬼神が将軍を守ったように、自分たちを守ってくれるように、鬼神に祈りながらね。お前のお父さんはね、ヨンド、地方の田畑の見回りに出る時には、この用心を欠かさないのよ。

【解説】

韓国の上元節は日本の小正月にあたり、「テボルム」と呼ばれる名節です。この日は、新年のような堅苦しい儀礼はなく、薬飯《ヤクパップ》、五穀飯《オコクパップ》などの御馳走を用意し、凧あげや橋渡り（タリバルギ）、地神踏み（チシンバルギ）や野焼き（チュイプルノリ）など様々の遊びを楽しんで、一年の健康や福を祈り、豊作や平穏な暮らしを願います。

石合戦《トルサウム》は、中国や日本にもその記録がありますが、韓国ではすでに高句麗時代の年の初めに大同江沿岸で合戦をしたという記録があり、古い歴史をたどることができそうです。朝鮮王朝末に書かれた『東国歳時記』にソウル南大門外の萬里峴で石合戦が行われたという記録がありますから、ヨンドが見物したのはこの石合戦でしょう。

チャンスンと城隍壇

ハルモニが語る韓国のモンゴルとの戦いは、モンゴル帝国が一二三一年から一二七三年にわたり数次にわたって高麗を攻めた戦いを指すのではないでしょうか。その結果、元のクビライはモンゴルの軍門に下った高麗を先兵として、日本に対して一二七四年に文永の役、一二八一年弘安の役という二度にわたる侵略（元寇）を試みます。

モンゴルとの戦いに際して韓国の将軍が仕掛けた石合戦に使われた大量の石は、現在も村の入口や峠、山麓の道端などの境界で見かける、旅人や村人を守る城隍壇《ソナンダン》の神聖な石積みであろうと思われます。かつての韓国では、村の境界を越えて外に出る村人や街道を行く旅人は、身の安全を願って城隍壇に小石を幾つか積み上げる習慣がありました。

12　韓国のシンデレラ

トントン、トントン、砧の音が内庭《マダン》中に響き渡った。内庭に面した縁側でオクジャとヨンドのお母さんと叔母さんが向かい合って座っていた。足袋《ポソン》をはいた足は、真っ白なチマの内に心地よくしまわれていた。お母さんと叔母さんの間には四角い石の砧がおかれ、二人は両手を手際よく上下して、上等の白い亜麻布を杵で叩いていた。

その近くでも二人の下女が同じように砧を打って、家の男の子や女の子の赤や緑や青い色の服を心地よく叩いてしわをのばしていた。

「あの下女たちなら女子供の衣裳の洗濯や砧を任せておけるわ」そばに立って見ていたオクジャにお母さんがそう言った。「だけど主人のトンゴリ（外套）は、私が自分で砧を打ったほうがいいわね。主人がしわのある着物でうちの門から外に出て行くわけにはいかないわ」

トントン、トントン、両手に一つずつ持った砧杵が音をたて続ける。

女たちが上手に仕事をしているのを見に来ていたオクジャが、おばあさんに言った「私は、ここで砧を打ったことはないわ、ハルモニ。大人の人はどうしていつも白い服を着ているの、すぐに汚れてしまうでしょ」

　昔からの習慣ということはあったとしても、どうしてなんだろうね、とおばあさんは答えた。朝鮮王朝の初めの頃には、男も女もまるで子どものように明るい色の服を着ていたという人もいるわ。その後、王妃さまが亡くなった時から、赤や青や緑の服をやめて悲しみを表す白い服を着るようになったというの。

　王妃さまの喪が明けると間もなく王さまがが亡くなったので、みんなは、また白い喪服を着なければならなくなったのよ。王室で不幸な事が続いたので、韓国の人々は白い服に慣れてしまって、明るい色の服にはもう決して戻らなかったというのよ。

　でも私はその話を信じていないわ。白は徳と知恵を表す、私たちの一番好きな色だもの。私たちの民族はもう何千年も、どの色よりもこの色を好んできたのよ。私たちが白を着るのはそのせいよ。

　金《キム》家の内庭《マダン》に住む女たちには休む暇がなかった。どの衣裳も洗濯の前には、縫い目をほどかなければならなかった。そして砧を打ち終わると、もういちど縫い合わせなければならない。外套や上着やチマやパジに元の輝きを与えるためには、その方が簡単だと考えていたのだ。

「家族みんなの衣装に、砧打ちをすることになったら、どうかしら」

ハルモニは、オクジャといっしょに内棟の角を曲がって野菜畑の方に歩きながらオクジャに言った。

「とてもできないわ、ハルモニ。そんなこと誰もできないわよ」

オクジャは考えただけでも恐ろしいという風に答えた。

でも、蘭陽《ナンヤン》というかわいそうな子は、そうしなければならなかったの。意地悪な継母と、そのわがままな継子の姉たちのためにね。

私のハルモニがしてくれたお話よ。本当の話だと思うわ。でももちろんその時蘭陽はお前よりも大きかったわ。数え歳で十五、結婚もできる歳だったの。

「蘭陽のお話を聞かせてよ、ハルモニ。梨の木の下のこの日陰に座りましょう」

おばあさんと小さな娘のまわりには初夏の花が咲いていた。柔らかな風が吹いて、庭は花の香りがいっぱいで、梨の木の下は心地よい涼しさだった。

蘭陽は郡守の娘だったのよ、とハルモニは語りはじめた。実のお母さんは死んでしまっていて、お父さんは再婚したの。わがままな二人の娘を連れた口やかましい女とね。

新しくやって来たこの人たちは、お母さんのいないかわいそうな蘭陽に愛どころか哀れみもなかったのよ。夜明けから日の暮れるまで、そしてずっと夜遅くまで蘭陽を働かせたの。蘭陽は米をとぎ、水を汲みに行かねばならなかった。オンドルの焚口には薪をしょっちゅう足さなくちゃならなかったし、内庭はきれいに掃き清めなければならなかったのよ、全部自分一人でね。

娘は、「蘭の花」という名前の代わりに「汚い豚」って呼ばれたの。それは犬って呼ばれるより、ひどいあだ名よね。継母たちは蘭陽をいじめる方法をいろいろ考え出したの。

ようやく仕事が終わると、継母たちは蘭陽に砧を渡したのよ。蘭陽が砧を打つ音を聞きながら、この三人のわがままな女は、毎晩眠りについたのよ。蘭陽の父親は何もできなかったの。蘭陽と同じように、新しい妻にひどい言葉を投げつけられるのが怖くてね。

さてある日その村で大きな祭りが開かれたのよ。みんな出かけて、陽気な音楽を聴いたり、こっけいな曲芸を見たり、旅回りの語り手のおもしろいお話を聴いたりしたの。飴や餅やそのほかにも珍しい食べ物がいっぱい並んだわ。

「汚い豚も、祭りに行っておいで」と意地悪な継母は蘭陽に言ったの。「でも、その前に、この袋の米の籾殻《もみがら》をぜんぶ取って、この割れた甕にきれいな水をいっぱい入れるのよ」

蘭陽の父親は新しい帽子と一張羅《いっちょうら》の白くて長いトルマギを着こんでいたけど、とても悲しそうな顔をしていたわ。でも口の悪い奥さんにはあえて逆らおうとはしなかった。かわいそうな蘭陽は、みんなが祭りに出かけて行くのを泣きながら見ていたの。明るい桃色と緑色のかわいい新しい服を着た継子の姉たちが羨ましかった。

ため息をついて、悲しい蘭陽は継母に言われた仕事にとりかかったの。ところが、蘭陽が籾殻のついた米を土間に広げるとすぐに、一万羽の小鳥たちの凄まじい羽ばたきとさえずりが、蘭陽の耳もとに響いたの。そして小鳥たちは、米の大きな山の上に舞い降りると、小さくて尖ったくちばしで籾殻をついばんだのよ。そして、蘭陽の涙が乾くまでの間に、米は真っ白に搗きあがって、娘はただそれを袋に戻すだけでよかったの。

喜んだ蘭陽は、つぎに割れた甕の水汲みに取りかかったの。でもその割れ方が、あんまりひどくて、泣き出して、「こんな甕に、どうすれば水が入るの。いっぱいになるわけがないわ」と大声で嘆いたの。ところが、井戸まで水を汲みに行って戻ってみると、甕の割れ目は丈夫で固い粘土で修理されていたのよ。台所の梁《はり》の上にいる良いトッケビが、一万羽の小鳥と同じように、蘭陽をかわいそうに思って手伝ったに違いなかったの。娘が、手桶に一杯の水を甕に入れると、たちまち甕いっぱいに水があふれたのも、このトッケビの仕業に違いなかったわね。

そして、蘭陽は祭りに出かけて音楽を聴いたり、曲芸を見たり、語り手のおもしろい話を聞いたりできたの。縁日にやって来た蘭陽が幸せそうに思う存分楽しんでいるのを見た継母や継子が、どんなに驚いて不機嫌になったのかわかるでしょ。

村の次のお祭りは野遊びで、山に登って夏の景色を楽しむことだったわ。

「汚い豚も、野遊びに行けばいいわ」と意地悪な継母は蘭陽にいったの。「でも、まず田んぼの雑草を全部抜いてからね」無慈悲な女は、蘭陽が時間までに雑草を抜き終わることが絶対できるはずがないと考えて満足そうにうなずいたの。田んぼは広くて雑草はものすごかったから、継母がそう考えるのももっともだったわ。

ところが蘭陽が雑草めがけて鍬を一振りした時、一頭のものすごく大きな黒い牡牛が現れたの。

牡牛はものすごい勢いで咬んで、たちまち雑草を掘り尽くしてしまったのよ。牡牛の口いっぱい、十二回も噛むと、雑草はぜんぶ牡牛の大きな喉の中に消えていったわ。

「いっしょにおいで、蘭陽」黒い大きな牡牛は蘭陽に言うと、彼女を山腹の森の中に連れて行ったの。

野遊びにやってきた蘭陽の手籠は、熟れて味も香りも一番いい珍しい果物でいっぱいだったの。遠足に来ていたみんなはその香りに驚いたわ。みんなが蘭陽をもてはやすので、継子たちはがっかりしたの。

家に戻ったその日の夕方、継母は蘭陽がどうやって田んぼの雑草をぜんぶ抜いたか、あの果物はどこで見つけたのかを白状するように迫ったの。「次は私たちが家にいることにするわ」と、蘭陽の話を聞いたわがままな継子たちははっきりとそう言ったの。「蘭陽は、黒い牡牛がやって来る前に野遊びに行ってしまえばいいのよ」

「その黒い牡牛はわがままな継子のところに来たの、ハルモニ」おばあさんが話の途中で一息つくと、オクジャはそうたずねた。

「ええ、牡牛はやって来たのよ、オクジャ」おばあさんは答えた。

それでね、牡牛はわがままな継子たちもやはり森の中に連れて行ったの。でも素直な蘭陽の時とは違ったのよ。

黒い牡牛について行くために、わがままな姉たちは、からみあった藪をかき分けなければならなかったの。枝がからんで髪は抜けるし、棘が引っかかってきれいな服は破けたわ。ふてくされた二人の顔は傷だらけ。なまくらな両手は血だらけ。野遊びの場所に着いた時の二人のみじめな姿ときたら、見ものだったわ。ぼろぼろになった手籠には、果物なんて一つも入ってなかったのよ。

【解説】

これは、韓国の「シンデレラ」です。私たちがよく知っているヨーロッパ型の「シンデレラ」に見られる妖精の援助や、お城の王子さまが主催するパーティや結婚式のモチーフは存在しませんが、いじわるな継母が主人公に与える穀物の脱穀などの難題や小鳥の援助の場面は、グリムの「灰かぶり（シンデレラ）」とよく似ています。

そして、生い茂る畑の雑草を前にして途方に暮れる主人公を助ける牡牛のモチーフも、実はヨーロッパで「シンデレラ」のサブタイプとして知られる「一つ目、二つ目、三つ目」（AT511）では、定番と言ってよいほど広く知られています。食べものを与えられず羊の番をさせられた主人公に、牡牛が御馳走を出してくれるのです。

韓国には、実はハルモニが語るこの話よりもよく知られた「コンジ・パッジ」というシンデレラ・ストーリーがあります。「コンジ・パッジ」の話にも、ナンヤンの場合と同じく、虐げられた主人公のコンジを助ける牡牛のモチーフがあるのです。

「コンジ・パッジ」では、牡牛はコンジのために美しい衣装と花靴と馬を用意して、隣村の祝宴に連れていってくれます。コンジの登場に驚いた継母は祝宴からコンジを追い出しますが、その時にコンジは片方の花靴を落とし、それを拾った監司《カムサ》（地方長官）に見初められて妻となります。

世界のシンデレラ・ストーリーのうち最も古い記録（八世紀）である中国の段成式が唐代に著した『酉陽雑俎』の「葉限」にも、援助者として魚が登場し、継母に殺された魚の骨が美しい衣装を出してくれます。この衣裳をつけて祭りに出かけたヒロインが片方の靴を失い、その靴をたよりに王と結婚しますから、この「失われた靴」と「幸せな結婚」のモチーフは、ヨーロッパだけではなく、東アジアにも古くから存在することがわかります。

13 亀に乗ったウサギ

目に柔らかな緑の葉が、内庭《マダン》の向こう側の野菜畑の柳の木を一面におおっている。日暮れ時の白と桃色の雲のように、明るい花が庭の果樹をおおっている。蓮池に注ぐ小さな小川の水は「涙の粒のように澄んでいるわ」、とハルモニはつぶやいた。濡れた庭の小径では、ミミズが春の訪れを確かめるように這い出してきた。日がな一日、女の子たちは庭で目隠し鬼をして遊び、男の子

たちは独楽《こま》まわしを楽しんでいた。ソウルの街のずっと向こうの山腹には、赤と白と紫のつつじの花が一面に咲いていた。日差しの明るい午後には、山や谷の春景色を楽しむための行楽の小さな列が弧を描きながら、山腹を登っていった。ヨンドは山からたくさんのつつじの花びらを持って帰ってきて、女たちはそれを干して甘くてぴりっとする餅の材料にした。

「あぁ、幸せな季節だわ」と、ある朝ハルモニは子どもたちにそう言った。このおばあさんは縁側の階段に腰掛けて、遅い春の柔らかく薫る風を吸い込んでいた。

「今日は幸せな日よね、ハルモニ。四月八日よ。何の日か知ってますか」オクジャは答えを待ち切れないかのようにおばあさんの穏やかな顔を見た。おばあさんはじっと考えているようだった。黒い瞳がきらりと輝いたけれど、オクジャのなぞなぞに悩んでいる顔をしようとしているようにも見えた。

目隠し鬼をする女の子たち

「何の日だったかしら、オクジャ」とハルモニはたずねた。「あぁ、そうだわね。お釈迦さまの誕生日だわ」この日の由来が女の子の思っているものとは違うことはよくわかっていたけれど、おばあさんはオクジャにむかってにっこり微笑んで、かわいい孫娘を優しくからかうのを楽しんだ。

「違うわよ、ハルモニ、違うってば。今日は、おもちゃの日よ。今年はどんなおもちゃを買ってくれたの」

オクジャの黒い瞳は、この日のことで頭がいっぱいで、嬉しさに輝いていた。この日は、子どもにとっては特別な、楽しい日なのだ。

「ヨンドたちを呼びなさい。そうすればわかるわよ」とおばあさんは返事した。そして階段から立ち上がって部屋の中に入った。

子どもたちは走ってやって来た。赤や緑や青の上着にパジの男の子、長いチマ姿の女の子たちは、階段の鉢植えの花よりも明るく見えた。

留め金のある小さな箪笥の引き出しから、ハルモニは次から次へとおもちゃを出してきた。それを輪になって床に座っている子どもたちの真ん中に並べた。

「ぼくは背中に山神を乗せた虎がいいな」一番年上のヨンドがまず声をあげた。

別のいとこは鳩の形をした粘土の呼子笛に手を伸ばした。中が空洞になったその灰色の鳥の背中には穴が開いていて尾には吹き口があり、吹けば『クルー、クルー!』と鳩の鳴き声が出るのだった。

十五歳の梅姫《メイヒ》は、実はおもちゃをもらう年齢ではなかったけれど、陽気な姿の妓生《キーセン》が乗った粘土の馬を選んだ。その妓生は明るい色の傘をさしていた。妓生や田で働く田舎娘は、自由に出歩くことができた。メイヒのような娘は、外出する時にはいつも輿の中に閉じ込められた。おそらく、メイヒはこうした幸薄い娘たちの方が、自分より自由だということを心秘《こころひそ》かにうらやんだのだ。

「私は亀に乗ったウサギがいいわ」オクジャは毎年変わらずこの小さなおもちゃを選ぶのだった。

「それからハルモニにはウサギの話をしてほしいわ」

「ウサギはお利口な動物なのよ」おばあさんは、その小さなおもちゃを両手で持つと話しはじめた。「ウサギは、亀よりもずっとお利口だったわ。亀は、ウサギを上手にだましてやろうと考えていたのだけれどね」

　ある日海岸でのこと、ウサギは見知らぬ亀が自分の方に向かって泳いで来るのを見たの。お前たちもよく知っているように、ウサギは好奇心が強いのよ。とても好奇心が強いので、このウサギは跳ねるのをやめて鼻をひくひく動かしたの。これから見慣れない亀が何をするのか確かめようとしてね。

「お食事はもうお済みですか、旦那さま」亀はウサギに挨拶したの。すごくていねいに、まるで人間みたいにね。

「ええ、もういただきましたよ。あなた様も、ごきげんいかがですか、ご主人さま」ウサギはお辞儀をしながら返事をした。「あなたのように立派なお方が、どうしてこんなところにいらしたのでしょう」

「このあたりの緑の山をひと歩きしに来たのです」と亀は答えた。「海を望む景色がとても素晴らしいと聞いたことがあります。ぜひともそれを拝見したいと思いまして」

「あなた様の立派なお眼鏡にかないましたでしょうか」と、ウサギがたずねた。

　すると亀は、「とても退屈なものだとわかりました」と無作法な答えを返したの。

「海の底の景色とは比べものになりません。海中の庭園にあるような、最上の翡翠のように澄んだ緑色をして揺れる水草が、この地上にはございません。ここには珊瑚の丘も、虹色の魚の群れに輝く谷間も丘もございません。龍宮の美しさや財宝の数々をお目にかけたいものです」

ウサギは、「そんなに珍しい景色なら是非とも拝見したいものです」と言ったの。またウサギの好奇心が、正しい分別を打ち負かしたのよ。「でも私は泳げません。どうすればそこに行けるのでしょう」

「私の背中に乗れば大丈夫ですよ、ウサギの旦那様」と、亀は上手に説得したの。「ゆっくり行きますから落ちることはございません。それに、水の中でも陸の上と同じように息をする方法もお教えしますよ」

ところが亀は、口先では甘いことを言っていたけれど、心のうちに刃《やいば》を隠していたのよ。亀がウサギの敵だってことがこれからわかるわ。

龍王が一番大切にかわいがっている娘が、もう何日も病の床についていたことは覚えておいてね。誰も治せなかったのよ。大きな鯨にも、小さな海老にもできなかったの。王さまは立派な褒美を与えると言ったけれど、誰も娘の体から悪霊を追い出す方法を見つけられなかったの。

ところがその時、亀が王さまの前に進み出てこう言ったの。

「尊いお方さま、私は、いかなる病にも若いウサギの肝が一番良いと耳にしたことがございます。それがどこで手に入るかも承知しております。お姫様のご快癒のためにウサギをここに連れて参ります」

この言葉に、龍王は娘が助かるかもしれないと望みを新たにして、亀を海岸に送り出して、ウサギを連れて戻るように命じたの。

さて、誰でも知っているように、亀はそんなにお利口じゃないわね。でなければ、どうして泥の中で尻尾を引きずってるのかしら。それでも、ウサギを龍宮に連れていく本当の理由をウサギに気がつかれないようにするくらいの知恵は、亀にもあったの。

亀の話のとおり、ウサギは本当に水の中でも息ができるようになったのよ。亀の約束どおりの素晴らしい景色も見たわ。龍宮の宝石や財宝を目の当たりにして、丸いウサギの目はますます丸くなったのよ。ウサギは思いっきり楽しんだわ。ところが、龍宮の玄関で守衛をしている魚がこう話しているのを小耳に挟んだのよ。

「いよいよあのウサギが来たな。龍王のお姫様の病気もこれでまちがいなく治るさ。今日のうちにウサギの肝を取り出して、それをお姫様が召し上がれば、それで御快癒は間違いなしさ」

びっくりしたウサギはすぐに知恵を絞ったのよ。肝を取られそうになった時にも、怖がるそぶりは見せなかったの。

「亀は、どうしてあなた様が私の肝をご所望だと言わなかったのでございましょう」

ウサギは丁重にお辞儀をしながら龍王にこう言ったの。

「神様が私たちウサギをお造りになった時、体から肝を取り出す力を私たちにお与えになったのを亀は知らなかったのでしょうか。食べ過ぎると肝が熱くなるので、私は肝を取り出して青い海で波に当てて冷ますのでございます。亀に出会った時、砂浜で私はちょうど肝を取り出して日に当てて乾かしているところでした。そんなにお気になさらなくても肝はお渡しできましたのに。私には肝など必要ではないのです。これから亀といっしょに取りに行って参りましょう」

龍王と亀はウサギの言葉を信じたの。恥ずかしさで尻尾を一段と下げて引きずりながら、亀はもういちどウサギを背中に乗せたのよ。そして、青い波を一万回越えて、安全で晴れ渡った浜辺までウサギを運んだのよ。

「肝はどこにあるのですか、ウサギの旦那さま」と、自分の失敗を取り返そうと焦る亀はそうたずねたのよ。

「あぁ、私の体の中に無事におさまっていますよ。これで私の命も無事だ」ウサギは嬉しそうに大きな声をあげて、砂浜を若い鹿のように飛び跳ねながらどこかへ行ってしまったの。もしウサギが笑えるのなら、きっとウサギは、大風の中でオンドリの尾が揺れるように、長い耳をゆすって大笑いしたでしょうね」

【解説】

日本でも「くらげ骨なし（猿の生肝）」として広く知られるこの話は『パンチャタントラ』や『ジャータカ』のような古いインドの説話集に見られ、インド、中国、韓国、日本をはじめとするアジアの諸国に多く見られます。特に水底や海の彼方の異界である龍宮に対する語りが豊かな韓国や日本では、人々に愛され、語り伝えられる機会が多かったものと思われます。

この話の導入部で語られている「四月八日が、釈迦生誕の祝日であると同時に、子どもがオモチャを受け取る日である」という民俗は、どうやら韓国各地で行われるものではなく、作者のカーペンターがたまたま見かけた数少ない風習であろうと思われます。

崔仁鶴によれば、釈迦の誕生日には「観燈演戯」という遊びがあり、提灯に虎、狼、鹿、雉、兎などを描いたり作ったりする民俗が広く行われたそうです。

この話では、子どもたちはハルモニから土人形をもらったらしく、そのような民俗が地方に存在した可能性はありそうです。

14　天からいただいた文字

ハルモニが手にした刺繍針は、淡緑色の絹屏風の表と裏を飛ぶように動いていた。ハルモニは、ヨンドの詠唱のリズムに合わせて黒髪を揺すり、ばら色のコウノトリの金色のくちばしを刺していた。

一方のヨンドは、床の上にあぐらをかき、半ば話すように、また半ば詠唱するように、孔子の言葉を大声で繰り返していた。ヨンドは、「孝行は百徳の母である」と何度も何度も繰り返し、その言葉を暗記しようとしていた。

ヨンドの膝の上の『千字文』は、柔らかい紙の書物で、タテ三段に書かれ、一段目は中国の漢字、二段目はその発音をハングルで、三段目はその意味をハングルで示していた。

「孔子はこの本を一晩で書いたのよ」とハルモニは孫息子に語った。「それが、あんまり大変だったので、夜が明けた時には孔子の髪も髭も雪のように真っ白になっていたの」

「漢字の形は覚えにくいよ。すごくたくさんあるんだもの、ハルモニ」ヨンドは不平を言った。そうして大きなあくびをした。「この本がもしハングルだけで書いてあれば、すらすら読めるのに。ハングルで書く方が漢字よりずっと簡単だよ」

「この若い儒生《じゅせい》さんは頭がいいわね」と、おばあさんはにっこりしながら答えた。「ハングルはたしかに簡単よね。でも、ハングルでは本当の学問はできないの。龍が天に連れて行くのは、いにしえの中国の教えを修めた博士《パクサ》だけだわ。そういう人だけが、怖れずに王の前に出られる偉人になるのよ。そういう人だけが、上等の絹を着て、帯には位階のしるしを付けることができるのよ。栄誉を勝ち取るために、若い儒生は、少しぐらい辛くても逃げてはだめなのよ」

「みんなが知ってるとおりよ、ヨンド、韓国のハングルは覚えやすいのよ。オクジャはもう二十五文字を覚えたわよ。オクジャは女の子だから、本当は内棟の家事を切り盛りすること以外は覚えなくていいのだけれどね」

ハルモニは孫娘の肩をとんとん叩くのをやめて、黒髪のおさげにつけた赤い蝶々結びを結び直した。オクジャもその朝は勉強していた。刺繍の勉強だ。ハルモニが刺繍している屏風の緑色の絹の端切れに明るい花の刺繍をしていた。

「私たちの文字を発明した王さまでさえ、それを中国の珠玉のような書と比べようとはしなかったわ」ハルモニは話を続けた。「その文字は天から直接いただいたのだと王さまが国民に話した時でさえね」

「どうやって天から文字がやって来たの、ハルモニ」とヨンドがたずねた。ヨンドは朝の勉強時間の楽しい休憩を、ハルモニのお話で引き延ばそうとしていた。

「そうね、ヨンド、どんな風に天から知らせが来るかなんて誰にもわからないわよね。夢に現れることもあるし、目覚めている時にやって来ることもある。気配や奇跡の形で現れることもあるわ。たいていの人にとって奇跡はいつも素晴らしいことだけど、この賢い善良な王さまには、奇跡はミミズに助けを求めた時に起こったのよ」

おばあさんがそんな不思議な言葉を口にしたので、オクジャも刺繍の手を止めた。

それはこういう話だったらしいわ。ただこの古い昔の物語に残っているだけだけれど。一人の善良な王さまが、ハングルを使って書物を読むという特別な贈り物を私たち国民にくださったのよ。王さまは学ぶということが人にとって一番大きな宝だということをご存知だったの。王さまは、家臣のうちでも中国から来た本に書かれてある何千というたくさんの漢字を習得できた者はほんのわずかだということがわかっていたの。

王さまは読み書きをもっと楽にする方法を探しに探したの。そして夢のおかげなのか、王さまが賢かったからなのか、とにかくこう考えたの。「言葉は音でできている。そして音は象形文字や漢字の代わりになる。文字を二十五個覚えるのは誰にとっても難しいことではない。女にも難しくない。この文字を組み合わせることで、必要な言葉は全部作ることができる」そして墨と筆を使って紙の上に、王さまは慎重に二十五文字のひとつひとつの形を書いたのよ。

その時代には、今と同じように、国民は先祖からの慣習をとても大事にしていたの。たとえ王さまでも、国民にこの新しい文字を受け入れさせるのはとても難しかったでしょうね。「ハングルには、天からの贈り物だと言う印がなければならない」と王さまは考えたのよ。王さまにこのことを教えたのは、やはり玉皇大帝だったに違いないわ。

王さまは筆を蜂蜜の壺に浸けたの。王さまは柔らかい緑の葉の上に、蜂蜜で一文字ずつ書いたのよ。その葉をミミズが見つけやすいように、濡れた庭の小径の上にばらまいたの。

王さまが知恵をしぼった計画はうまくいったわ。ミミズは蜂蜜の跡をたどって葉の表面をずっと食べていったの。こうして葉の上に、二十五文字の輪郭を描いたの。

「これは奇跡だ」次の日、王さまは庭で側近にそう言ったのよ。「葉の上に書かれているのは、まさに天からの知らせだ」

葉っぱの秘密については、知らないふりをして、王さまはその意味を解いた学者には褒美を与えると言ったのよ。王さまは若い博士に秘密を打ち明けて、この「天から授かった文字」の使い方を国民に説明するように命じたの。

こうして私たちのハングルが発明されて、国中に広まったの。望みさえすれば、誰でもこのやり方で読むことを学べるようになったの。ハングルの発明には別のお話もあるけれど、私のおばあさんはこの話を信じていたわ。

「とんでもないウソね、ハルモニ。私たちの文字が天からやって来たなんて」オクジャはわけ知り顔でそう言った。

そうかしら、オクジャ。たとえウソだとしても、これは良いウソだったのよ。読むことを諦めていた人たちに本をプレゼントしたのよ。ハングルのおかげで、マダンの内側で暮らす女性と娘たちに、光が差すことになったのよ。

韓国では、ヨンドやオクジャの子どもの頃には、学ぶことが何より奨励されていた。「学ぶ人」という意味の「書房《ソバン》」はごくふつうの敬称で、ちょうど西欧の「ミスター」と同じように使われた。朴《パク》じいさんは、おそらく無知無学で教養のない門番だったろうが、香辛料や絹をたずさえて親しげに大門を入ってきた行商人に、「ご機嫌よう、朴書房《パクソバン》。もうお食事はお済みですか」と挨拶されれば嬉しかったものだ。

【解説】

これは、ハングルの誕生譚であると思われます。

韓国人なら誰でも知っているように、この文字は朝鮮王朝第四代の世宗が「訓民正音」の名で公布されたとされています。しかし、中華文明の正統的な後継者として漢文を用いることを誇りとしていた支配者階級である両班たちは、これを容易に受け入れず「諺文《おんもん》（卑しい文字）」として蔑み、使用することはありませんでした。しかし女性や庶民の間では使用されたものと思われ、出版物に使用された例もいくつか残されています。

ハングルが、韓国の人々の間に本格的に普及するのは、甲午の改革（一八九四）によって科挙が廃止され、教育の改革が進み、知識人の教養が漢文の世界から解き放されて以降のことですが、すでに一八八六年には漢字ハングル交じりの新聞「漢城週報」が刊行されています。ハルモニの話のなかで、ヨンドが学んだ三段組みで、一段目は漢字、二段目は発音を表すハングル、三段目はハングルで意味を示した『千字文』は、おそらくこの時代のものだと思われます。

その時代に、ハングルの普及にもっとも貢献したのは言語学者の周時経《チュシギョン》（一八七六〜一九一四）だと思われます。彼は、それまで確立されていなかったハングルの合理的な「綴字法」の研究と普及に努め、一八九六年には純ハングルの新聞「独立新聞」の創刊に関わり、一九〇八年には『国語文典音学』、一九一〇年には『国語文法』を刊行しました。

周時経は、残念なことに一九一四年に三十七歳の若さで亡くなりましたが、その志は多くの研究者によって受け継がれ、今日に至っています。

15　喪歌僧舞老人哭

「どうすれば、いつか博士《パクサ》になれるのかな、ハルモニ」おばあさんがハングルの話をし終えるとヨンドがたずねた。「どう勉強すれば、いつか科挙に合格できるのかな」

「お父さんと同じくらい賢くなるまで、勉強に勉強を重ねなきゃだめよ。お父さんは一回で合格したのよ。すごく勉強したし、漢詩は龍の筆で書いたからね。お前のお父さんが科挙に合格するのも当然だわ。紙に向かった時には、お父さんの筆は馬が駆けるような速さだった。でも、なかには勉強のおかげで博士の帽子を授かるのではなく、何かほかの理由で博士になった人もいたのよ。それは多分、その人たちが善良だっただけでなく、なにか玉皇大帝に関係があったからだったのね。ちょうど、むかしの「歌う喪人と踊る尼僧」の話に出てくるお父さんを深く愛した青年のようにね」

子どもたちは、そんなことがあるのだろうかという顔をしていた。そういうことがあるとは思えなかったのだ。子どもたちが知っている喪人は、死者を悼むために「アイゴー、アイゴー」と泣きながら歩き回るのだった。粗い麻の上着にキノコ形の帽子、それに小さな布で顔を隠した喪人の姿は、また歌いたいと思っているようには見えなかった。

それに尼さんが踊るなんて、ヨンドもオクジャも見たことはなかった。尼僧は黄色の長い上着を着ていて、髪を剃り落とし、目を伏せている。そんな尼僧が踊るなんて、どういうことなの。

そうなのよ、喪人が歌って、髪を剃り落とした娘が踊ったのよ、とハルモニはゆずらなかった。それを窓越しに見た王さまは、あなたたちよりももっと驚いたわ。その方も良い王さまだったわ。多分、私たちにハングルを授けてくださったのと同じ王さまだったのでしょうね。国民の暮らしが良くなることを一番気にされていたのよ。

この王さまは、農夫の格好をして田舎を歩き回っては庶民の暮らし向きを確かめるのが習慣だったわ。ある夜王さまは、貧しい家から楽しそうな歌声が聞こえてくるのに出会ったの。不思議に思った王さまは、門の中に入って、障子の穴から中を覗こうとして、足音を忍ばせて近づいたの。

そこで王さまが見たのは、驚いたことにおじいさんが一人悲しそうに泣いていて、その前で、死者を悼むはずの喪人が歌い、尼さんが踊っているところだったの。喪人の姿をしていたのは一人の若者で、王さまが戸を叩くとその人が返事をしたの。

王さまは、「すみません、提灯の灯が消えてしまったので、お宅さまの火をお借りしたいのですが」

「粗末な家ですが、どうぞお入りください、高貴なお方」と喪人は答えて、見知らぬ訪問者の求めに急いで応じたのよ。

王さまは、そこでこう言ったの。

「立ち入ったことをお尋ねしますが、三つの不思議な出来事をご説明いただけませんか。目の前で喪人が歌い、尼僧が踊っているのに、ご老人はなぜ泣いておられるのですか」

見知らぬ訪問者の質問に気分を害した若い喪人は、「そうお尋ねなら、まずあなたさまが、他人の家の出来事を覗いたわけをお話しくださるべきでしょう」と言ったのよ。

「お赦しください。下世話な好奇心からではございません」と王は丁重に返事したの。「わけあってお尋ねしたのです、お若いご主人さま。私の無知を照らして教えていただけるなら幸せが訪れましょう」

王さまの言葉と礼儀正しく優しい様子に、若者はいたく感銘を受けたのよ。

「私どものこの屋根の下には、もう長らくひもじさが巣食っているのです」と若者は話しはじめた。「台所は空っぽでございます。食べ物のかけらを求めて床をはうアリすらおりません。私どもがお米を口にしたのはもうずいぶん前のことです。何より困ったのは、年老いた父上にきちんと食べ物を差し上げることができないことです。父のために味噌チゲを用意するわずかな金のために、妹は毎日髪をひと束ずつ売っているのです。そして今夜、妹はついに髪の最後のひと束を切りました。妹が、頭を剃り上げて、尼僧のように見えるのはそのためです」

「父は、以前のように頭がしっかりしておらず、ひもじさから自分を助けるために娘が尼になったと思っているのです。父が泣いているのは、そういうわけです。父が泣き止むようにと、私は歌を歌い、妹は踊っているのです。亡くなった母の三年の喪はもうずっと前に終わっているのですが、箪笥には着物を買う金は残っていないので、私はいまだに喪服をつけたままなのです」

王さまは激しく心を打たれたのよ。そして貧しい家の中を見回したの。この親孝行息子を助ける手立てがないかとね。そして、壁にかけてある見事な漢詩に目が行ったの。

「すばらしい詩句ではありませんか」と、壁の漢詩を指差して王さまは言ったの。「どなたの筆になるものなのでしょう」

「それは私の下手な詩なのです」若者は謙虚に、そう答えたの。「多少の心得はあるのですが、なにぶん、私には筆も墨も、紙すらも買う金がございません」

「親孝行なあなたはそれにふさわしい報いをお受けなさい」と、王さまは喪服姿の若者に言ったのよ。「ずいぶん深い教養をお持ちの方とお見受けしました。二日の後に科挙を受けるために成均館《ソンギュンカン》においでなさい。あなたのために席を用意しておきましょう」そして立ち去る時に、食べ物と、ウサギの毛の筆と、墨と、紙を買うためのお金を置いて行ったのよ。

喪に服す人の図

その年は科挙の試験のある年ではなかったの。試験は予定もされていなかったのよ。二日後に試験があると聞かされた都の儒生は、みんな腰を抜かして首を振ったの。

試験の課題を知らされた時には、みんなはさらに頭を悩ませたわ。「こんな課題の作文なんて、聞いたこともない。みんなは口々に不平を言ったの。「喪歌僧舞老人哭」だなんて。

貧しい若者は、いまだに喪人の格好のままだったけれど、ただ一人だけその課題の意味がわかったの。若者はすぐに、もの好きな訪問客に話した物語をすばらしい漢詩に仕上げたのよ。そして若者は、誰よりも早く、槍囲いの向こうの審査官に向って巻物を投げたの。

王さまは若者が科挙の及第者だと宣言して、王宮に呼んだの。王さまの前にひざまずいた若者は、宮廷の慣わしのとおりに床に頭をつけたの。

「博士殿、そなたは私が誰だかわかるか」と、王さまは優しく問いかけたの。

「王さまでございます」

若者は震えながら、やっとそう答えたの。

「私は、あの夜そなたを訪ねたもの好きな者だよ」と、王さまは答えたの。そして、王さまはその尊い翡翠のような指で、手ずから若者の頭に博士の帽子をのせてやり、素晴らしい服を持ってこさせて、喪服を着替えさせ、帯には官位の徴を懸けてやったの。宮廷楽団に申しつけて、科挙に合格した若者を祝う街頭行進の先導もさせたのよ。素晴らしい栄誉を告げる飾りのついた巻紙をかざしながら、王さまの家来が若者の先導をしたのよ。

絹の上着を着て白馬にまたがって、年老いた父親に幸運の知らせを届けるために、堂々とした姿で孝行息子は故郷に帰ったのよ。飢餓の鬼神はもう二度とやって来なかったわ。若者と妹には幸運がついてきたの。妹には、裕福で姿のよい相手を紹介しようという仲人が大勢やって来たわ。

こうして年老いた父親に孝養をつくした二人は報いを受けたの。孝養をつくせば、きっと良いことがあるのよ、ヨンド。

【解説】

朝鮮王朝時代に、庶民の暮らしを知るためにソウルの町を隠密裏に偵察して歩いた王の話です。ハルモニは、この王をハングルを創案した王・世宗であると語っていますが、おそらくは世宗とは違った名君として様々なエピソードを残した英祖（一六九四〜一七七六）ではないかと思われます。

英祖は、生母の身分が低かったために一七二四年に即位するまで激しい政争に巻き込まれて苦しみましたが、即位後は「蕩平策」という公平な人材登用や「均役法」という減税策を施行し、凶作に備えてサツマイモを奨励するなどして、五十二年の治世をまっとうしました。その波乱万丈の人生と善政のゆえに、現在でも人気が高く、テレビドラマなどにも登場します。

その名君が、通りすがりに目にした「喪主が歌い、尼僧が踊り、老人が泣く」というのは、たしかに異様な光景です。

韓国では、肉親を失った者の服喪の規定が厳しく、この話の主人公のように母を失った場合は「斎衰服《チェチュイボク》」という荒い麻の喪服を三年の間つけることになっていましたから、誰でもその人がどの肉親を失って喪に服しているかがわかりました。

この物語は、主人公が貧しさのゆえに服喪の期間が終わっても、ほかに着るものがなく、妹は髪を売って家計を助け、父親は老年のゆえに理性を失いかけているという悲惨な状況下の話ですが、それでも主人公と妹は父親に対する孝行を尽くし、通りすがりの者の窮状を助けるという、両班としての誇りを捨てません。

こうした名君の民情視察の話は、日本でも水戸黄門をはじめ枚挙にいとまがありませんが、この話のように「名君が、孝子を科挙によって高官に取り立てて、顕彰する」というのは、いかにも韓国らしい結末であるように思われます。

16　笑いすぎたアリ

オクジャとハルモニが笑っていた。ほかの大人も子どももいっしょに笑っていた。みんなの顔は笑ったせいでしわくちゃだ。アーモンドのように細い目もしわくちゃだ。内棟は陽気なお祭り

騒ぎで沸き立っていた。

それは、ヨンドのせいだった。ヨンドは、前の日に街の祭りで滑稽な曲芸を見て、それを真似して逆立ちしようとがんばっていたのだ。それは大きな祭りで、道化師や綱渡りが出たし、軽業師はとんぼ返りのほかにも、いろいろな芸当ができた。ヨンドは道化師のおどけた仕草を真似ることはできたが、綱渡りのための丈夫な綱は持っていなかった。

それでよかったのだ。地面の上で軽業師の真似をするだけでもたいそう難しかったのだから。おさげにしたヨンドの長い黒髪がどうしても前に垂れてくるので、おさげを頭のてっぺんにしっかり留めておくために、ハルモニは女の子用の髪留めを貸してやった。これを見て、妹のオクジャは、脇腹が痛くなるまで大笑いした。

「気をつけなさい」とおばあさんはオクジャに注意した。「気をつけなさい、笑いすぎると、あのアリみたいに思いがけない災難にあうわよ」

「アリに何があったの、ハルモニ」

オクジャ娘は、ヨンドを見ながらそうたずねた。綱渡りの真似に疲れたヨンドは、今度は地面を転がりまわって犬と遊んでいた。

「いい子だから、よくお聞き」おばあさんは、くすくす笑いが止まらないオクジャをおとなしくさせようとして、お話をはじめた。

このアリはね、賢いおばあさんのアリで、住んでいる庭ではたいそう敬われていたのよ。みんなが、おばあさんアリのご意見をうかがいに来たわ。だから、ミミズがアリのおばあさんに仲人になってもらってお嫁さんを見つけようとしたのは、不思議なことではなかったの。

「よい嫁がとてもほしいのですよ、オモニ」と、ミミズはアリに言ったの。「着るものの面倒を見てくれて、ご飯とキムチの用意をしてくれる嫁が。若い嫁さんを見つけてください。健康で丈夫な人を。あなたなら、きっといい人を選んでくださると思います」

アリは承知したのよ。そうして、ある日和《ひより》のいい午後にそのことを考えていたら、健康で丈夫なムカデに出会ったのよ。

「お嫁にいく気はないかしら」、とアリは若いムカデにたずねたの。

「おやまぁ、なんですって」ムカデの返事はこうだったわ。「それには、まず花婿のことをお聞かせいただかないと」

「花婿は働きもので、落ち着いた男よ。辛抱強いわ」

アリは熱心な口調でそう答えたの。

「その方は、この庭にお住まいですか」とムカデがたずねたの。

「ええ、この庭に住んでいるわ。でも、庭を歩いていても、姿が見えなくなることがあるのよ」

「庭の住人はみんなそうですよ」ムカデは言った。

綱渡りをする旅芸人・男寺党

「花婿のことをもっと詳しくお話しくださいな」

「あなたの何倍も長いわ。それによく動くのよ、足がないのにね」

「さぞかしすてきなムカデに違いないですわね」将来の花嫁は馬鹿にしたように言った。「足がないのに花婿になりたいなんて、いったいどういうムカデなんですか」

「その男は立派なミミズなのよ」アリはようやくそう言ったのよ。「ええっ、ジメジメ、ベトベトした、あのミミズですか」ムカデは首を振ったのよ。「ミミズはいけません。胴体が伸びすぎます。そんな長い生き物の上着をこしらえるなんて、がまんがなりません」

アリはこれを聞いてすごくおかしかったの。アリは笑えるだけ笑ってから庭の小径を小走りに走って、待っていた花婿に悪い知らせを届けたのよ。

「あぁ、ミミズさん」笑いをこらえながら、アリはそう言ったの。「見つけましたよ、若い花嫁を。きれいなムカデで、健康で丈夫ですが、あなたじゃダメだそうです。足のない花婿じゃ絶対にダメだと言うんです。あなたが長すぎて、あなたの服を縫うなんて嫌だって言うんです」そう言い終わると、アリにまた笑いの発作が起きてしまったの。

「そういう冗談は、不愉快ですね」と、ミミズは憤慨して言ったのよ。

「ムカデごときが、こんな立派なミミズの私をどうして笑えるんですか。私だって、ムカデはごめんです。体中が足だらけのムカデなんて、ごめんこうむります。もう一度言いますが、けっこうです！　そんなにたくさん足があったら、靴を作る藁を、どうやって準備するんですか。約束はなかったことにしましょう」

ムカデの話よりも、ミミズの話のほうがずっと面白いとアリは思ったの。アリは笑いに笑って、脇腹が痛くなるまで笑ったの。そして自分が破裂するのじゃないかと心配して、アリは藁で自分の体の真ん中をぎゅっと絞って結んだの。

ミミズとムカデの仲人をしたのを忘れた頃になって、ようやくアリはお腹の藁をほどいたの。

「そうしたらどうなったと思う、オクジャ」

オクジャがしきりに知りたそうな顔をしているのを楽しみながら、おばあさんはしばらく話の間を置いた。

アリはね、笑いすぎたのよ。お腹の真ん中を藁で絞めすぎたので、そこが元に戻らなくなったの。こんど野菜畑でアリを見たら、このお話を思い出しなさい。そうすれば、アリのお腹がどうしてあんなに細いのかがわかるわよ。


【解説】

「生き物が何故そういう形をしているのか、何故そういう習性をもつのか」などという理由を語る「由来譚」は、数多い動物・植物昔話のなかでも特に多い話型の一つです。これは、「世界はどのようにして出来上がったのか」「なぜ男と女とに別れるのか」「なぜ人は死ななければならないのか」などという私たちの世界の成り立ちを説く「創造神話」の系譜に連なる基本的な物語だからだと思われます。

よく知られる「聖書」のアダムとイヴの誕生や楽園追放のような由来譚は、日本の「古事記」「日本書紀」や韓国の「三国史記」「三国遺事」にも満ち満ちています。

この話の「アリの腰はなぜ括《くび》れているのか」という由来譚は、日本ではあまり見られないと思いますが、韓国では人気のあるモチーフらしく、「イナゴとアリとカワセミ」（KT24）でも、「イナゴとカワセミの争いを見て大笑いしたアリの腰が細くなった」という件《くだり》があります。

17 猫の毛から出た米

ほとんど毎日のように、乞食たちが裕福な金《キム》家の大門を叩く。犬が吠えるので出ていった門番の朴《パク》じいさんが出迎えると、乞食たちはこう嘆願する。

「当家の御主人さまの立派な蔵から、私どもに米をほんの少しお恵みいただけないでしょうか。私どもの飯椀《めしわん》は空っぽで、もう何日も草の根や木の皮しか口にしておりません」

何事かと思ってヨンドが玄関まで出ていくと、いつも犬が乞食が来たことを知らせていた。

「あの人たち、ぼろを着ているよ、ハルモニ」とヨンドは報告したものだ。

「髪の毛は梳いていないし。顔は痩せこけているし、とてもお腹が空いているように見えるよ。子どもは泣いているんだ」

それを聞くと、オクジャはじっとおばあさんを見上げるのだった。心の優しいおばあさんがいつも「そういう貧しい飢えた人たちに、お米をあげなさい」と言うのをよく知っているのだった。

「今はどうして、一年のうちのほかの時よりも乞食が多いの、ハルモニ」ある日の午後、大門までお米を持って行ったヨンドが戻ってくると、オクジャはこうたずねた。

「春窮《しゅんきゅう》の時期なのよ」というのがおばあさんの答えだった。「この季節には、藏に米が残っている家は、この国にはほとんどないのよ。貧しい草屋根の家には、毎年春になると飢えがやってくることが多いの」

冬のためにたくわえた穀物も、その頃にはもう食べ尽くしてしまっているわ。新米やキビは地面から若芽を出しはじめたばかりだし。庭にはまだ何もないしね。金櫃には米を買うだけのお金が残っていない家が多いわ。肉や魚を食べることなどとてもできないし。犬肉屋で年とった犬を買うこともできないのよ」

「貧しい人たちはいったいどうするの、ハルモニ」そう聞いたオクジャの黒くて細い目は涙でいっぱいだった。

草の根や木の皮を食べるのよ。昨日あの乞食が言っていたみたいにね。それに多分、私たちみたいに運のいい人たちが助けるでしょう。そうでなければ、良い鬼神が風に乗って助けにやって来るわ。おばあさんはこの子の目がつらそうなのを見て、慰めてやりたいと思った。「きっと、昔のお話みたいに、毛から米を出す魔法の猫を見つけるわよ」

「それならいいんだけど、ハルモニ。それは本当なの」オクジャは真剣にそう尋ねた。

「おや、本当にあったかどうか気になるのかい。なかったなんて誰が言うんだい。本当のことだと思いたいわ。だってこのお話に出てくる人たちは、よい人たちだからね。飢えたりするはずの人たちじゃなかったのよ」

何百年もむかし、多分千年は前のことだけど、この国に姚《ヨー》という優れた学者がいたのよ。ほかの名前は忘れてしまったけれど、それはたいしたことじゃないわ。姚はとても賢い学者だったので、その名前は国中に知れ渡って、王さまの耳にも届いていたの。

「学者の姚に使者を使わして、参内《さんだい》させよ。あの者ならよい知恵を授けてくれるだろう。しかるべき地位を与えよう。帽子に特別な孔雀の羽を飾るに相応しい人物だ。」王さまはそう命じたの。

さて、姚は学問もあるけれど人柄もよい人だったの。宮廷のほかの大臣が裕福になったのに、姚はかえって貧しくなったように見えたわ。宮廷の役職があまりに忙しくて自分のことを考える暇《いとま》がなかったの。家事をしている三人の娘が、米櫃を見ると米がなくなっていたのよ。父親が、門口に立つ乞食たちに、考えもなしに米を分け与えてしまっていたの。

それはちょうど、私たちの小さな王国が、兄にあたる中国の支援をどうしても必要とする時だったの。玉座に坐《ましま》す中国皇帝の説得のために遣わす人物は、賢い姚のほかにはいなかったの。

姚の旅は、とても長い旅だったわ。その頃、輿を担ぐ者たちは、今のように速くは進めなかったの。中国に遣わされて戻るまでには丸三年かかったのよ」

「アイゴー、何ということですか。私たちはどうしたらいいのでしょう」父親の姚が出発を告げた時、娘たちは泣いたのよ。私たち、服は一着ずつしか持っていないのです、アボジ。一人の衣裳を洗濯しなければならない時には、残りの二人がそれを洗って干して、砧を打つのですが、一人はその間に着るものがないので、砧打ちが済むまで夜具の中に隠れていなければいけないのですよ。とても苦労しているのです。物置には、もう甕一つ分の米しか残っていません。アボジが行ってしまって、誰も金櫃にお金を入れてくださらないのなら、私たちはどうして食べていけばいいのでしょう」

帽子に孔雀の羽をつけた姚

さて、この家には主人がかわいがっていた賢い黒猫がいたの。私たちが知っている野良猫とちがってね、おとなしくてかわいかったのよ、オクジャ。姚が舎廊房で本を熱心に読んでいると、猫は膝の上で寝るの。あごの下の柔らかい毛を撫でてやると、猫はゴロゴロ、ゴロゴロと喉を鳴らしたの。この猫には一つ不思議なことがあって、それはちっとも目を閉じないことだったの。誰もこの猫が眠っているところを見たことがなかったわ。ただおとなしく横になって、のどをゴロゴロ、ゴロゴロ鳴らし、一家を見守っているだけだったのよ。

「お前たちは、もちろん食べていけるよ」姚は、旅の輿に乗り込みながら、娘たちにこう言ったの。「私がいなくなっても、天がお前たちの面倒をみてくれるさ。もしも米がなくなってほかに方法がない時は、私の黒猫にたよりなさい。こういうふうに猫の毛を撫でるのだよ」父親は、膝に乗っていた猫の柔らかい毛に細い指をさっと這わせたのよ。しっぽの先から頭まで、猫の毛を撫でたの。それから、父親は娘の一人の腕の中にそっと猫をおろしたの。

娘たちは、父親のように黒猫をすごくかわいがっていたわけではなかったから、父親の別れの言葉を忘れてしまったのね。物置に米があるうちは、娘たちは何とかやりくりしたけど、食べたのは月にたった九回だけで、おかげでいつもお腹を空かしていたわ。とうとう一番大きな甕も空っぽになってしまって、ついに台所に米がまったくない日が来たのよ。

「持ち物を売るしかないわ」三人姉妹は悲しそうに泣いたの。お米を買うために、鉄の留め金のついた立派なバンダチ（箪笥）や、見事な刺繍をした絹布や、貴重な銀と珊瑚の飾りのついた髪留めを手放さなければいけなかったのよ。けれど、とうとうそのお米も食べてしまったの。物置の甕と同じように、たちまち家の中も空っぽになってしまったのよ。

「あの黒猫のことで、お父さんが何か言っておられたわね」と、娘の一人がほかの二人にたずねたのよ。

「私たちが食べ物を見つけられるように、たぶんなぞなぞを残してくださったのよ」別の姉はそう言った。「お父さんが黒猫のことで、何とおっしゃっていたかを思い出せればね」と、三番目の娘が泣き出したの。

その日の午後、三人がお腹を空かして内房に座っていると、黒猫が末娘の膝に跳び乗ったの。「思い出したわ、こうやって猫の毛を撫でるのよ」突然末娘はそう叫んで、猫の柔らかい毛でふさふさの背中を、しっぽの先から頭にかけてやさしく指で撫でたのよ。そんなふうに猫の毛を撫でるのは間違いだという人もいるけれど、娘たちにはそれが正しいやり方だとわかったの。

「あら、まあまあ」娘たちはみんな叫んだの。「猫の毛から米がこぼれて来るわ」

それは本当だったの。娘たちの目の前で、父親の黒猫の背中の毛から米粒が流れるようにこぼれ落ちたのよ。きれいな、まるい米粒で、冬の雪のように白くて、そのままお釜で炊けるほどだったの。娘が猫の毛を撫でれば撫でるほど、お米は雨のように流れ出てきたの。きれいな床にお米がうず高く積もったわ。

その日の午後の姚の家は、笑い声と喜びでいっぱいだったわ。娘たちのお腹はまた再びいっぱいになって、それからは昇る朝日のようにばら色で、晴れ渡った毎日になったのよ。父親の帰りがどんなに延びて遅くなっても、もう二度とひもじくなることはなくなったのよ。

娘たちは、かわりばんこに黒猫の毛を撫でたの。甕に入り切らないくらい米が出た時には、それを売ってお金をたくさん手に入れたの。いまでは娘たちは自分たちの上等な金具で留めた箪笥や刺繍細工や大切な珊瑚と銀の髪留めを買い戻すことができたわ。そして新しい服を買ったり、髪をきれいに結って艶を出す髪油を買うこともできるようになったのよ。娘たちがそうしようと思えば、一年中毎日、秋夕の祭祀をすることだってできたわ。

三年目の年の暮れに、使命を果たした姚が中国皇帝の宮廷から帰ってきたの。娘たちにねぎらいの言葉をかけるとすぐに、姚は黒猫を呼んだの。猫の毛から出た魔法の米のおかげで、娘たちがどれほど助けられたかを聞いた姚はこう言ったの。

「やっと家に帰ってきたぞ。王さまのために、わが国になくてはならない支援を中国から取りつけてきたのだよ。この褒美はさぞかし大きかろう。金櫃はあふれるぞ。もう食べ物の甕が空になることもないだろう。猫の毛を撫でて米を出すことも、もう二度となかろう」

そして、それはもう二度と起こらなかったわ。ある日、末娘はしっぽの先から頭までこっそり猫を撫でてみたのよ。でも、猫はただゴロゴロ、ゴロゴロないて、大きく開けた目で一家を見守るだけだったのよ。

【解説】

徳のある大臣の飼い猫が、大臣の不在の間に家族を助ける話です。

朝鮮王朝の役人、特に地方に派遣される郡守は、任期が短く頻繁に転勤するので、昔話には短い任期のあいだに出来るだけ蓄財しようと悪事を重ねる役人の話が多いのですが、中にはこの話の姚大臣のように清廉潔白で徳の高い役人が登場することがあります。

そうした場合、清廉潔白な役人は世間的な（下世話な）雑事には疎く、ひたすら職務に励み、家庭を省みることはないというのが一般です。しかし、そうした一見「超俗的で世事に疎い士大夫」は、実は万事に目配りが行き届いた傑物で、すべて見通しているのです。この話の主人公である姚大臣は、まさにそうした士大夫（両班）の典型・理想像であると言えるでしょう。

この話では、姚大臣の愛猫が不思議な力を発揮しますが、この猫のように不思議な力をもった猫の話は世界中で広く語られています。日本の場合にも、貧しい和尚さんを助ける「猫檀家」の不思議な猫や、魔力を秘めた「鍛冶屋の婆」の化け猫のような猫話があります。

この姚大臣の愛猫は決して眠らず、屋敷を守る不思議な力を持っていますが、米を生み出す力をもった猫の話は、韓国の昔話には、この話のほかには見当たらないと思われます。

18 乞食の友達

白い服を着たハルモニは、頭上の空を黒い雲が飛ぶように流れていくのを疑い深そうに見上げた。

「雨になるわよ、いい子たち」おばあさんは内棟の子どもたちに注意した。「コオロギみたいに急いで家に入りなさい」

内棟の内庭で、男の子も女の子も遊びに熱中していたので、おばあさんの声が耳に入らなかった。オクジャと年下の二人の従妹は、色とりどりのチマの中に足をおさめて座り、お手玉（コンギノリ）に熱中していた。金属製のコンギ（お手玉）のかわりに、女の子たちは大きな銅銭を投げたり拾ったりしていた。オクジャは最初の一投で「たまごを産む」のに成功し、二度目を投げて「たまごを並べた」けれど、三投目で「たまごをかえす」ために地面に軽く触れるのに失敗した。

ヨンドたち男の子も銅と真鍮の硬貨で遊んでいた。それは、地面に描いた四角の真ん中に置いた銅銭に、手にした銅銭を投げて当てる「銭撃ち」という遊びで、銅銭を一つや二つ失くしても、男の子たちは気にしなかった。この銅銭には、合衆国の一セントの何分の一かの値打ちしかなかった。

突然、頭上の黒雲が遊んでいた子たちの上に大粒の雨を降らせはじめた。おばあさんの注意する声はよく聞こえなかったけれど、不意に雨に打たれた子どもたちは、驚いたニワトリのように縁側の階段を駆け上がり、おばあさんの部屋で雨宿りした。

まるで空の雲が口を開いたように、ものすごい雨が地上を襲い、水浸しにした。真夏の雨季には（「チャグマ」と呼ばれる韓国の梅雨の季節には）、ほとんど毎日、雲に覆われた空から洪水のような雨が降るのだった。

「この二枚だけ残して、お金がみんななくなっちゃった」ヨンドはそう嘆きながら、銭差《ぜにさし》の藁紐に通した銅銭をすべらせながら言った。韓国では誰もが銅銭を紐に通して持ち歩く。紐は銅銭の真ん中に開けられた穴に通してあるのだ。金《キム》家の大きな金櫃の中のお金の束は、長くて重かった。市場で家族が必要な買い物をする時には、銭差に刺した長くて重い銅銭を屈強な下男や韓馬が運ぶことになった。

「乞食の友だちが持っていた魔法の銭差があればよかったのにね」ハルモニはヨンドにそう言った。「その銭差のお金はけっして減らないのよ。そこに座って雨があがるのを待ちなさい、そのお話をしてあげるから」

子どもたちは大好きなおばあさんのまわりに集まった。子どもたちは、おばあさんが出してくれた松の実と蜂蜜の飴をかじりながら話を聴いた。

このお話に出てくるのは、禹《ウー》という真鍮の匙（スカラック）作りよ。街の匙職人の店が集まる通りの小さな家に住んでいたの。ウーは優しい夫で、よい父親だったわ。屋根の雨漏りを繕う藁束が、いつも置いてあったし、子どもたちの草履を作る新しい藁も置いてあったの。それに米とキムチは、いつも中庭の甕に入っていたわ。

ウーは大空のように心の広い男だったのよ。もちろん、子どもたちがまだ小さくて着るものと食べ物が欠かせないうちは、ウーにとって子どもの世話が一番だったわ。でも、息子が大きくなって娘たちが結婚すると、ウーは自分の店の戸を叩く乞食にどんどん物を与えるようになったのよ。この乞食には椀いっぱいの米を、あの乞食にはお金を少しと言うようにね。そんなわずかなお金じゃ着物や豚は買えないけれど、雨粒も集めれば川になるわ。そしてウーの金櫃からは、飢えた乞食が差し出した手に、まるで川のようにお金が流れていったのよ。

その哀れな連中は、匙屋のウーの友だちになるために先を争ったの。ウーが門から一歩でも外に出ると、乞食たちが走り寄ってきた。毎晩、毎晩、ウーは優しい妻が刺繍してくれた帯財布に銅銭の一枚も残さずに帰って来たの。

とうとうウーの金櫃にはお金がまったくなくなってしまったの。食べる米を買うだけじゃなくて、売り物の匙を作るための真鍮を買うお金までなくなってしまったの。多くの人がするように、ウーもお金を借りるようになったわ。そして、借りたお金を返せなくなった人が誰でもそうなるように、ウーは裁判官の前に引き出されたのよ。

ウーは思いきり尻を叩かれたけど、賄賂として取れるお金はまったくないとわかって、刑吏はやっとウーを釈放したの。叩かれてあざだらけになった、哀れで気の毒な匙屋のウーは、びっこを引きひき、ぬかるんだ通りを抜けて貧しい家に帰ってきたの。

家の門口をくぐった時、ウーの草鞋の先に何か固い物が当たったの。何だろうと思って地面に目をやったウーは、銅銭を七枚通した藁の銭差《ぜにさ》しを見つけたの。

「銅銭七枚は多くはないが、これで夕飯の米が買えるぞ」ウーは哀れな妻にそう言ったの。そうしてウーは息子を使いにやって、美味しいお米を買ってくるように言いつけたの。

さて、いよいよ奇跡が起ったのよ。ウーは、銅銭を五枚はずして息子に渡したのよ。そしてまたウーが銭差しを見たら、お金は七枚のままだった。ウーはわが目を疑ったわ。こっちに来ていっしょにお金を数えるようにと妻を呼んでウーは銅銭をあと四枚はずしたの。ところがまだ七枚残ったの。その夜、床に横になって寝る時になっても、ウーはその謎に悩まされていたわ。ウーは何度も何度も起き上がって銭差しを確かめたの。銭差しの紐の端から何度銅銭をはずしても、残るのはいつも七枚だったのよ。

「善い行いは、こうして報われるのね」と妻はウーに言ったの。そして二人はこの魔法の銭差しを上手に隠して、その力のことは誰にも話さなかったの。

きらきら光る匙が、こうして匙屋通りのウーの家でまた作られるようになったの。だから、もし近所の人たちがウーの家の新しい屋根や、ウーの新しい帽子を不思議に思っても、お客が払ったお金で買ったのだろうと考えたでしょうね。

そして、ウーの立派な心ざしは、空のように大きいままで、これまで通り貧しい人たちに施《ほどこ》し続けたの。でも今ではその施しを秘密にして、裁判官や刑吏に牢屋にひきずり戻されないようにしたの。通りの人混みを歩き回ってお金を施すかわりに、田舎を旅して、貧しい家庭の門にある小さな犬の穴から、わずかなお金を投げ入れたのよ。そしてもっと遠くの山の中の仏様を祀る寺にも行って、お坊さんのために賽銭箱にお

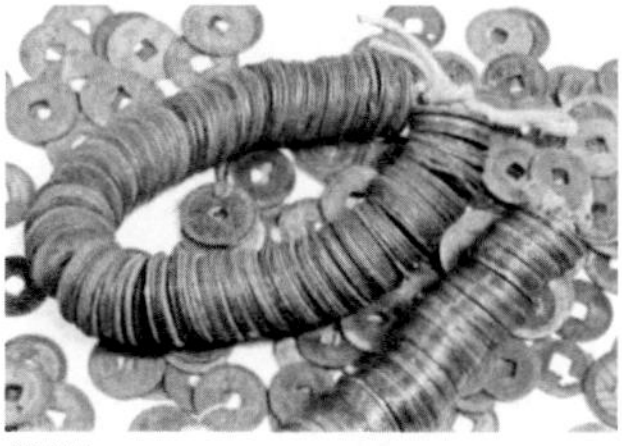

銭刺し

金を入れたのよ。

ちょうどその頃、都の王室の財宝を預かる役人たちは途方に暮れていたの。「こんなに多くの金が消えるとは、どうしたことか」王室の会計責任者が補佐官にたずねたの。

みんな首をかしげたわ。役人たちは、それぞれどれくらいの銅銭を「上前《うわまえ》」としてくすねていたかわかっていたからね。みんな、「上前」が何かわかるわね。お父様が「国民が王さまに収めた税金を、役人がたんまりとくすねてしまう」と不満をおっしゃるのをよく聞いてるでしょう。

ところが、今回は自分たちがはねた「上前」以上の銅銭が姿を消していたのよ。盗人は誰か、王室の会計責任者が調べているあいだ、補佐官たちは見張りに立っていたの。

そしてある朝、夜が明ける頃、会計責任者はチャリンという鋭い音がお金の山のてっぺんから聞こえるのに気がついたの。驚いたことに、銅銭が何枚も空中に舞い上がって、金蔵の屋根に開いた穴から外に飛んで行くのよ。二つ、三つ、四つ、五つと、お金は出ていったのよ。ウーが魔法の銭差しからお金をはずすたびに、銅銭が飛んでいったの。会計責任者が近づいて見てみると、その銅銭は風に乗ってウーの小さな家の屋根に向かうのがわかったの。

ところが、魔法の銭差しをウーの家の門口に置いた良いトッケビが、王室の金蔵の衛兵がやって来る前に、危険を教えてくれたのよ。

「大事な銭差しを持っておいで。それをうまく隠すんだ」とウーは妻に言ったの。「お前はあの仏様の寺に行け。善良な坊さんたちが、私たちをかくまってくれるだろう。私が行くまで、あそこで待っていておくれ」

ウーの妻は息子を連れて遥か遠くの金剛山の寺に向かって、ただちに出発したの。魔法の銭差しは、袂《たもと》の奥に大事にしまい込んだのよ。

宮廷の衛兵がやって来て、ウーはまた裁判官の前に連れて行かれたのよ。でも、今度は叩くぞとは言われなかったわ。こんな秘密を知っている男はとても重要なので、叩いて殺してしまうわけにはいかなかったのよ。「この匙職人を口説き落とせば、きっとわしの懐にも空から金が飛び込んでくるだろう」と裁判官は考えたのよ。

ところがウーは、魔法の銭差しの秘密を手放す気などなかったわ。裁判官に牢屋に入れられる前に逃げ出す方法を見つけなければ、と思ったのよ。牢屋の鍵は頑丈だし、尻を叩く棒は鉄のようだったからね。

匙職人のウーは知恵を働かせてこう言ったの。

「裁判官様、私の銅銭が風に乗っていく秘密をお話しいたしますが、それには時間が必要です。大きな紙と、墨と硯、それにウサギの毛の筆を用意してください」

大きな紙を広い障子に貼り付けて、ウーは筆でその上に黒い線を書きはじめたの。目の前の紙の上に、実物大のロバの姿が現れたのを見て、みんな口をぽかんと開けたのよ。小さな丸い目、しっかりとした鬣《たてがみ》、小さくてしっかりした蹄《ひずめ》、長い尻尾が、次から次へとウーの筆で描かれていったのよ。

「あまり急いではいけない。妻がうまく出発しなければいけないのだ」ウーは心の中でそう考えて、ロバの鼻と口を描くのにたいそう時間をかけたの。

家臣は笑い出して、「こりゃ、まるで裁判官様のようだ」とそっとささやいた。

「けれども耳がひとつしかないぞ」と、見物人の一人が言ったの。

「これもやはり裁判官様のようだ。あの方はいつも片方の言い分だけしか聞かないのだからな」と別の者がきっぱりと言ったので、みんな大笑いしたのよ。

このお祭り騒ぎを聞きつけて、裁判官がロバを見に来たの。その絵を見て、裁判官はすごく怒り出したの。だって、裁判官が見ても自分そっくりだったのよ。「尻打ちの棒を持って来い」と、怒った裁判官は叫んだの。けれど、ウーはすばやくもう片方の耳を描き込んで、そうして絵はできあがったのよ。

描き終えるやいなや、紙のロバは頭を動かしはじめたの。大きな声でいななくと、生きたロバが障子から走り出てきたのよ。ウーがその背中に跳び乗ると、ロバは全速力で走り出したの。屋敷の中庭を横切ると、驚きあわてる衛兵が止めようとする目の前で、開いていた門から外に出て行ったのよ。そして、それが「乞食の友のウー」の姿を見た最後だったわ。

「それからウーはどうなったの、ハルモニ」とヨンドがおばあさんにたずねた。

「奥さんに追いついたの」とオクジャが聞いた。

「追いついたわよ」とハルモニは答えた。「でもね、ソウルの人たちはウーの噂を聞くことはあっても、その姿を二度と見ることはなかったの。乞食たちは、金剛山の仏様の寺にあるウーの新しい住まいについて行ったのよ。そこで乞食たちは、お坊さんからウーが差し出す施し物をもらったの。ウーが生きていたあいだはずっと、王室の金蔵のお金は風に乗って飛び去って、ウーの魔法の銭差しの銭を補充し続けたのよ。

ウーが亡くなった時、王室の会計責任者はそのことを王さまにわざと報告しなかったらしいわ。会計責任者たちは、自分たちのためにもっとたくさん「上前」をはね続けて、お金が減るのはウーと魔法の銭差しのせいだと、言い続けていたの。王室の金蔵のお金の山は、年を経るごとに少なくなっていったわ。

その後、私たちの国の玉座に一人の賢い王さまがお座りになったの。ある日、王さまは信頼する家臣を乞食の姿に仕立てて、金剛山の仏様の寺でウーを探させたの。王さまが驚いたことには、すでに寺は荒れ果てて、ウーは何年も前に亡くなっていたことがわかったの。その時から、王室の金蔵から不誠実な役人の懐にたくさんのお金が飛んで行くことはめったになくなったのよ。

【解説】

貧しい人たちに惜しみなく施しをする主人公が、その善行のために困窮した時に魔法の〈銭刺し〉を手に入れ、そこから出て来る銭を次から次へと使って、さらに貧しい人たちに施しを与える話です。

この話の主人公のウーは匙や箸を作る職人です。おかずを箸で取り、ご飯を匙で食べる韓国では、真鍮の食器は銀につぐ高級な品で、かつては職人たちが腕をふるって細工をこらしたものでした。

朝鮮王朝の主要通貨であった銅銭には四角い穴が開いていて、その穴に縄で刺した〈銭刺し〉に纏めて使用するのが一般だったのです。

ところで、この魔法の銭刺しが、もう一つ不思議なところは、銭刺しから出る銭が、実は宮廷の金蔵につながっていて、これまで庶民の納める税金の上前をはねて私腹を肥やし続けてきた役人たちの財源を奪い、役人たちを窮地に追い込むところです。

ウーは、善良なトッケビの知らせで危険を察知して、家族を連れて金剛山の山中にある寺に逃げ込みます。

朝鮮王朝の仏教寺院は、儒教重視の政策に追われて多くが人里離れた山中に場を移し、僧侶たちはそこで修行を積んでいました。この話に登場する金剛山は、ソウルから遠く離れた険しい山で、特別な聖地とされ、そこに建立された寺は世俗の権力の及ばない特別な場所（アジール）とされ、王といえども、そこに逃げ込んだ人々を処罰することは出来ない、とされていました。

19 汚《けが》れない王妃姜氏の村

普信閣の大鐘は、毎晩九時頃になると男たちに外出禁止を告げる。その時刻に、鐘撞き男が大きな撞木《しゅもく》で鐘をおもいきり撞《つ》くと、唸るような鐘の音がソウルの通りすべてに響き渡る。

「男はみな家に入れ。都の七つの門を閉じよ。女が安全に内庭を出られるよう通りを空けろ」雷がおちるような音で大鐘が告げるのは、この通行禁止の知らせだった。

「粗野な男は、ほかの国と同じで、私たちの国にもいるわ」とハルモニがオクジャに言った。「家から女をさらって行って花嫁にする大胆な男たちのお話があるの。男が外にいる時には、女は内棟にいなければ安全じゃなかったのよ」

普信閣の鐘が響くまで、ソウルの通りには下女や妓生のような身分の女しかいないのはそのためだった。ハルモニの言う通り、遠い昔に一人の賢い王さまが「夜には鐘を鳴らして、男は家に閉じこもるように」命じたのだった。通りに人通りがなくなり、夜の帳《とばり》が守る刻限になると、女たちは安心して用事を済ませるために歩いて家を出ることができた。昼の間にやって来る行商人から手に入らない品物を、自分で店に出向いて買うこともできたのだ。

オクジャの母親をはじめ、金《キム》家の女性は、大門を出る時には明るい緑色をした絹の長衣を頭からかぶった。袖を通さずにすっぽり羽織って顔を隠し、長衣の間から片目で覗くのだ。こうして安全に身を隠せば、庶民の女だと思われただろう。誰も、金家のような裕福な家族の者だとは気がつかなかったにちがいない。

「この緑の上着のお話があるのよ」と、ハルモニはかつてオクジャに話したことがあった。「ずっと以前は、それは男が羽織る物だったのよ。ところが、ある時戦争があって、美しいお姫様が、お父上の緑の上着を頭からかぶって顔を隠して敵から逃れたの。そのおかげで、緑の長衣が護身のためにとても良いことがわかったの。それ以来、ソウルの女たちは通りを歩く時にはそういう長衣を羽織るようになったのよ」

オクジャは、母親や提灯を持った下女に連れられて街に出かけるのが好きだった。狭くて舗装のない通りで、泥や穴を注意深く避けながら道を選ぶことをおぼえた。そしてオクジャは、ヨンドや家の男たちがいつもよく話している興味深い物事をたくさん目にすることができたのだった。

小さなオクジャが街で一番好きなところは中洞《チュンドン》、あるいは「汚れない王妃の村」と呼ばれるところだった。そこからは、ソウルでただひとつ二階建て以上の建物である王宮の両端が反り上がった屋根が見えた。「ほかの建物が平屋なのは、尊い宮廷の塀の内側を見下ろすことがないようにという配慮よ」とハルモニが言った。

オクジャは、王宮を火事から守るヘテ（獬豸《かいち》・伝説の海蛇）の像がいつも少し怖かった。それは、王宮の門に入ろうとする火の鬼神を食べて火災から守る、二体の石の怪獣だった。中洞には王宮の家臣の家や寺がたくさんあるので、村というより町にふさわしいとオクジャは思った。

「汚れない王妃って誰のことなの、ハルモニ」

小さなオクジャは、内棟で暮らす母親やほかの女性と一緒にした夜の外出の後のある朝、こうたずねた。

ええ、それは、それは徳の高い賢い人だったわ。康《カン》氏の娘で、遠く離れた村で暮らす質素な女の子だったの。

ある日の午後、娘が村の井戸の水を甕に入れて運んでいる時に、一人の立派な将軍が馬に乗ってやって来たのよ。脇を走る従者の数や護衛の隊列を組む兵士の数を見れば、それが高い地位の人だと誰にでもわかったわ。しかし、喉が渇いて疲れれば、地位の高い方でも低い人でも似たりよったりね、オクジャ。

その日はとても暑くて、旅は長旅だったのよ。将軍の顔は赤い牡丹の花のようにまっ赤に日に焼けて、頬には玉のような汗がしたたり落ちていたわ。

将軍は「飲み水をもらえないか」と丁寧に挨拶をしながら言ったの。

娘は深く頭を下げて、大きな椀に井戸から汲んできたばかりの水をいっぱいに満たしてあげたの。け

長衣をかぶった女性

れども、その椀を将軍に手渡す前に、娘は柳の若葉をいくつか採ると椀の中に落としたの。将軍は椀を手に取ると飲みはじめたけれど、椀の中の柳の葉が邪魔になったので、とても気分を害したの。喉の乾きにまかせて、一気に飲み干したかったけれど、ゆっくりすするように飲むしかなかったからね。

将軍は、やっと大きな椀の水を飲み終えると、娘に文句を言ったの。でも、その言い方は優しかったわ。娘が玉のように愛らしかったからね。

「私の水を飲む椀に柳の葉を落とすのは、礼儀に反するのではありませんか」

「それは、私が将軍様の健康を案じた上のことでございます」と娘は答えたの。

「あなた様は暑さに打たれて、お疲れでございます。あまりに急いで水を召し上がれば、疫病神もいっしょに飲んでしまいます。命を落とされるやもしれません。私が椀に柳の葉を入れたのは、それを防ぐためでございます。柳の葉がじゃまをして、ほんの少しずつすするしかありませんから、あなた様を害する物は遠ざけられます。

将軍は心の中でこうつぶやいたの。「美しいだけではなくて賢い乙女だ。私はこの娘が愛《いとお》しく思えてきた」

そこで将軍は娘にこう言ったの。

「もしもそなたがよければ、私はそなたを妻に迎えたいと思う。ただし、この戦《いくさ》が終わるまでそなたが待ってくれるならばの話だが」

そうして、姜氏の娘は待ったのよ。そして、やっと戦争が終わって、娘のところに花婿が白馬に乗ってやってきたの。その方こそあの将軍様で、名高い李成桂《イソンゲ》将軍だった。後に、龍の背中に守られた私たちの国（朝鮮・韓国）の王さまになられた方よ。私たちの国の王宮に今日お住まいの方は、この李家のご子息なのよ。

「さてその王さまには、ほかの王さまと同じように、大勢のお妃さまが宮廷にいたの」とハルモニはお話を続けた。

でも、王さまは誰よりも姜王妃がすばらしいと思っていたのよ。姜王妃は、王さまが悩む国家の難題解明にも助言するほどの知恵を持っていたの。だから、王さまはいつも王妃に相談していたのよ。

ソウルの都の場所を決める時にも、姜王妃のご意見があったのはまちがいがないわ。この山に囲まれた盆地が新しい首都の場所に選ばれた時、王さまの輿のすぐ後に、姜王妃の輿が続いたの。ご自分のお墓の場所を決めるにも、徳高い王妃さまは、王さまにこうおっしゃったの。

「私が龍に乗って天に昇る時には、大きな凧を作ってそれに私の姜という名をお書きになって、凧に乗せて王宮の空高くにあげてください。それから紐を切るのです。その凧が落ちたところが、私の魂の休む場所です」

そうして、そのとおりに事は進んだの。王さまご自身が大きな凧を空にあげて、その玉のような指で手ずから紐を切られたの。凧は、まるで傷ついた大きな蝶のように、ゆっくりと舞いながら地上に落ちたわ。そして、凧が落ちた小高い尾根に、姜王妃のお墓が造られたの。

その墓は「汚れない墓」と呼ばれたの。何年ものあいだ、王宮近くのその場所に、お墓はあったの。悲しみに暮れた王さまは、墓の上に建てられた小さなお寺の鐘の音が、音楽のように鳴るのを聴くのが好きだったわ。亡くなった姜王妃のやさしい声が聴こえるような気がしたのよ。

その後、李王家の別の王さまが墓を都の東の端に移したの。王宮近くの墓があった場所には、家がたくさん建っていったわ。けれども人々は、姜王妃の知恵や徳を忘れなかったの。その場所は、今でも私たちがそう呼ぶように「汚れない王妃の村」と呼ばれたの。


【解説】


朝鮮王朝時代、庶民の女性は自由に外出できましたが、両班の女性は屋敷の内棟で暮し、外出を避けるのが一般でした。外出が必要な時は、帳《とばり》をおろした輿に乗るか、長衣《チャンイ》という緑色のコートを頭からすっぽり被り、顔を隠したのです。

この話の導入では、女たちの夜間の外出が語られていますが、毎晩九時頃に普信閣の大鐘を鳴らし、男たちに外出禁止を告げたのが、ハルモニの言うように「遠い昔の賢い王さま」であったというのは疑問です。この習慣について語る民俗誌が見つからないのです。

しかし一八九四年に朝鮮を訪れ『朝鮮紀行』を著したイザベラ・バードの記録には、この慣わしの記録が残されています。ただし、普信閣の鐘を合図に男子禁足となるのは夜の九時ではなく八時で十二時になると再び鐘がなり男子が自由に外出するとあります。その四時間の間に、女性は提灯を掲げた召使を連れて静かに家を出て、遊んだり、友人を訪ねたりしたのだそうです。この習俗はおそらく朝鮮王朝末期に、改革派の官僚たちの提言で取り入れられたものだと思われます。

この記述についでハルモニが語る「汚れない王妃」とは、朝鮮王朝を立てた太祖（李成桂《イソンゲ》）の第二夫人であった神徳王后（一三五六〜九六）を指すものと思われます。

王后は黄海道谷山で康允成《カンユンソン》の娘として生まれ李成桂と結ばれて二男一女を儲けました。一三九二年に李成桂が高麗を滅ぼし太祖として即位すると、王后は自らの次男芳碩《バンソク》を太祖の世子としますが、朝鮮建国につくした第一夫人韓氏の五男・芳遠《バンウォン》（第三代・太宗）との間に確執を生み、王后の死後の一三九八年に起こった王子の乱に際し、世子芳碩は暗殺されてしまいます。

神徳王后は一三九六年になくなり、王宮に近い聚賢坊（ソウル中区貞洞）の「貞陵《チョンヌン》」に葬られますが、第三代王の太宗として即位した芳遠は、一四〇八年に父・太祖が亡くなると神徳王后の陵墓を郊外に移し、祭壇を徹底的に破壊してしまいます。

現在の貞陵は、ソウル北部の城北区にあり、北漢山国立公園にも近く観光名所となっていますが、これは一六六九年に第十八代国王・顕宗《ヒョンジョン》によって整備されたものです。

ハルモニの語りの終わりの部分は、この経緯を語っているものと思われます。

20　話を買った話

ある暑い夏の午後、ハルモニと孫たちは野菜畑の冷たい水の湧く井戸のそばに座って、のんびりとした楽しい時間を過ごしていた。特に何をするというわけでもなく、あれこれよもやま話をしていたのだ。そういう時のお決まりで、一人の子がこう言った。「お話を聞かせてよ、ハルモニ。新しいお話だよ、ぼくたちが聞いたことのないお話だよ」

「その新しいお話にはいくら払ってくれるんだい」とハルモニはからかうようにたずねた。そう言われても、おかしな質問だと思う子はいなかった。

旅の詩人が金《キム》家の門を叩いて、旦那様は詩をお買いになられませんかとたずねることがよくあったからだ。市場や定期市で楽しい話を聞かせる旅の語り手は、話の代金を要求しなかっただろうか。その語り手の話のもとになる詩句の作者でさえ、詩の代金を受け取っているというのに。

もちろん詩句の代金は、太ったニワトリの丸焼きや、亜麻の反物や、絹の上着につける新しい半衿のような贈り物だった。旅の詩人に対するこのような贈り物は、詩人のウサギの毛の筆から生まれ出る黄金の言葉に対する賞賛の印だった。たとえ見ず知らずの旅人ではあっても、詩人は詩で結ばれた主人の友人なのだ。

「ハルモニのお話は、いったい、いくらくらいするの」そばに寄ってきたオクジャが、おばあさんの肩に愛情をこめて手を置きながら言った。

「そうね、わからないわよね」ハルモニは笑った。

「李《イ》じいさん夫婦は、お話ひとつに百貫の銭差を払ったけれどね。そんなにお金を払っても、李さんは、ただのひとつのお話も手に入らなかったけれど、最後には、それが大変なお金に匹敵するものだった、ということがわかったの」

「私のお話の値段のことは、また今度話しましょうね」とハルモニは続けた。

「そのかわり、たいへんなお金でお話を買った李じいさんのお話をしてあげるわ」

李さんはお金持ちで、遠い田舎の山の上に妻といっしょに住んでいたのよ。二人は百貫の何倍ものお金の束を持っていたの。あんまりたくさんあって金櫃からお金があふれていたから、二人は庭に深く埋めてある大きなキムチの甕の中にお金の一部を隠していたの。

裕福だからって、いつも幸せというわけじゃないのよね。山のずっと上のその家には息子がいなかったし、お邪魔な孫もいなかったわ、とハルモニは笑った。おばあさんが笑っていたので、子どもたちはハルモニがこの言葉で自分たちをからかっているのが、よくわかっていた。

そうよ、李さんの家はまるでご先祖様のお墓のように静かだったの。年取った夫婦は時々寂しくなったわ。旅の芸人や語り手も、街道から遠く離れた夫婦の家の門を叩きに来ることは決してなかったの。輿に乗って旅行に出たり、何か気晴らしがないかと町の市場に出かけるには二人は歳を取りすぎていたの。今日も昨日も明日も同じで、夜は長かったわ。

ある朝、李さんは門番の合《ハプ》を呼んで、こう言いつけたの。

「谷を下って、話の上手な語り手を見つけて、すばらしい話を買ってきなさい。よい語り手に出会うまでは歩くのをやめてはいけないよ。話の代金に百貫の銭差を支払ってもいいから、行ってきなさい」

門番のハプは、無知で無学だったから、話の語り手と樵《きこり》の区別もつかなかったの。でもハプはお金の入った櫃《ひつ》を背負子《チゲ》に乗せて背負って、ご主人のためにすばらしい物語を探しに山道を駆け下りて行ったのよ。

途中で誰にも人に会わないまま、ハプは谷を抜けて何時間も歩いたわ。そうしたら一人の農夫に会ったの。農夫は田んぼの間を流れる小川のほとりで休んでいたの。

「ご機嫌いかがですか、旦那さま」ハプはそう言って、丁寧にお辞儀をしたの。

見知らぬ農夫は慣習通りに「こんにちは、叔父さま、お昼はもう召し上がりましたか」と答えたわ。

「学識深いあなたさまは、何かお譲りいただけるような物語をお持ちではないでしょうか。私の主人がすばらしい物語を買ってこいと命じられたのです」

ところが、この農夫はただの田舎者で学もなかったから、物語を語ることはできないし、覚えている物語も一つもなかったの。だけどお金がとても必要だったので、こんなによい機会をみすみす逃したくはなかったのよ。

「はい、叔父さま、物語を持っておりますとも」

農夫は門番にこう言ったの。「しかし、それは高価な話です。ご主人さまは、いくら払うとおっしゃっているのですか」

「お金は、銭差百貫では足りませんか。この櫃にあるのはそれだけです」

農夫はこんな大金の話を聞いて、大喜びで首を縦に振ったの。そして一生懸命に考えたけれど、やはり物語はひとつも覚えていないし、話を作るだけの才覚もない。困り果てて、あたりをじっと見回していると、脚の長い鶴が田んぼの中を嘴《くちばし》でつつきながら歩いているのが目に入ったの。一方の脚を持ち上げて、次にもう一方の脚を持ち上げながら、その大きな鳥は小川のほうに進んで行ったの。

そこで、農夫は大きな声で言ったの。「やつがやって来る。一歩また一歩と。一歩一歩、近づいてくるぞ」

愚かな門番は農夫が物語をはじめたのだと考えて、農夫の言葉を繰り返したの。この素晴しいお話をそらで覚えて、ご主人に聞かせなければいけないと思ったのよ。

「やつがやって来る。一歩また一歩と」とハプは繰り返したの。「一歩一歩、近づいてくるぞ」

鶴は田んぼの中で何かが動いたのに気づいて、歩みを止め、何がいるのかを確かめようとしたの。

「いま立ち止まって耳をすましている。いま、立ち止まって目をこらしている」

農夫は鶴から目を離さずに、こう言ったのよ。

「いま立ち止まって耳をすましている。いま、立ち止まって目をこらしている」と門番は繰り返したわ。

田んぼの中で動くものはなくなって、鶴は首を曲げて餌を取ろうとしたの。ミミズか、カタツムリがいたのね。

農夫は「うつむいたぞ、伏せたぞ」と続けたの。鶴が都合よく物語を作ってくれることを期待しながらね。

そして門番は、同じように一言一句を注意深く繰り返したの。

そうしたら、その時、田んぼがサッと動いたかと思うと、緑の稲穂の中からキツネが黒い鼻を突き出したの。鶴は大きな翼を一気に広げたかと思うと飛び上がって、安全な場所にすばやく逃げたのよ。

「ああ、離れたぞ、逃げたぞ、もう安心だ」

「ああ、離れたぞ、逃げたぞ、もう安心だ」と聞いている門番も同じように叫んだの。

「話はこれで全部ですか」

農夫がもう何も言わなくなったので、ハプは農夫にたずねたの。

「これで全部ですよ。もう十分でしょう」と農夫は横柄にそう言って、それからハプの百貫の銭差を自分の背負子に積みはじめたの。

山の上の家に帰る途中で、ハプは物語を何度も何度も繰り返したの。話の文句を一言たりとも忘れなかったのが自慢だったわ。もちろん、ハプには話の意味はわからなかったの。だってハプは無知で無学だったからね。

李じいさん夫婦もまた、これを変わった話だと思ったわ。夫婦にもまたその話の意味がわからなかったの。李じいさんは毎晩毎晩その物語を大きな声で唱え、意味を解読しようとしたのよ。

ところで、この人里離れた山の上では、ある晩、裕福な年寄り夫婦を襲おうと、悪い奴がやって来ても不思議はなかったの。強盗は若かったから、苦もなく土の塀を乗り越えてやって来たの。そして、そっと忍び足で李じいさんの家に近づくと、こんな声が聞こえてきたの。「やつがやって来る。一歩また一歩と。一歩一歩、近づいてくるぞ」

これを聞いて、強盗は足を止めたわ。「この家の主人にはおれの姿は見えないはずだ。なぜ、おれがここにいることがわかるんだ」強盗は考え込んだのよ。そうして息を殺して李じいさんのすることに耳を澄ませ、目を凝らしたのよ。

するとまた声が聞こえてきたわ。「いま立ち止まって耳をすましている。いま、立ち止まって目をこらしている」

家の中にいる男がどうして今自分のしていることがわかるのか、強盗には理解できなかったわ。けれどもこの強盗は大胆な男で、障子紙からもれている光に向かって這って進んで行ったのよ。

「うつむいたぞ、伏せたぞ」

年取った妻に物語を聞かせている李の声が次第にはっきり聞こえてきたのよ。

「おれのすることが、どうしていちいちわかるんだ」と強盗は考えて、恐ろしくなってきたの。

「ここは鬼神の家にちがいない」と、強盗はつぶやいたの。「ここからは逃げ出すのがいちばんだ」

そして、向きを変えて走って逃げ出した強盗を李じいさんの声が追いかけたの。「逃げたぞ」という叫び声だったわ。「もう安心だ」

そしてその強盗は、もうこれ以上は走れないというくらいに速く走って、土塀をひと跳びで乗り越えて、谷間の町にいる仲間の強盗のところにたどり着くまで、決して後ろを振り返らなかったのよ。

恐怖に怯えながら友だちが話す物語を聞いて、悪者の仲間はみんな首を振ったわ。そしてそれからは、百貫のお金の束で農夫の物語を買った李じいさんの家には強盗に入ろうとする者はいなくなったのよ。


【解説】

かつて韓国には「伝奇叟《チョンギス》」という旅回りの語り手がいて、大道や市場で語ったり、裕福な家に逗留して語りを聞かせて暮らしを立てていました。伝奇叟は、まさに話を売って暮らしを立てていたのです。

ハルモニの語りで、「話を売る」のは、もちろん伝奇叟のようなプロの語り手ではなく、まったく話を知らない農夫です。しかし、この農夫が思いつきで語るデタラメな話が、話を買った老夫婦には、思いもかけない役に立ち、盗人を撃退してしまいます。

このタイプの話は、世界中で広く語られていますが、日本でも老夫婦が極楽往生を願って後生を買うつもりでデタラメな念仏を買い、毎日このデタラメ念仏を唱えていたおかげで、韓国の場合と同じく盗人を撃退する「後生を買う」という話が各地で記録されています。

21　二体の石の巨人

犬が吠えて、下男たちは舎廊棟の中を右往左往していた。朴《パク》じいさんは大門を開けに走り、ヨンドといとこたちは先を争いながら舎廊棟の角を曲がった。ずっと北のほうにある古い高麗の首都だった松都《ソンド》（開城《ケソン》）まで旅していたお父様がお戻りになったのだ。お父様が乗った輿《こし》はすでに通りの先に見えていた。

青い揃いの服に赤い腰帯の輿の担ぎ手たちは軽やかに大門を入ってきた。担ぎ手たちは、デコボコした韓国の道を何マイルもご主人を担いできたとはとても思えないほど元気だった。輿が地面に降ろされると、金弘集は日除けが引かれた狭い輿の座席から立ち上がった。こわばった足で輿の轅《ながえ》を踏み越えると、しっかりとした中庭の地面を横切った。何度も身体を伸ばして姿勢を変えながら歩いてはいても、金弘集の両脚は長旅のせいで強張《こわば》って、痺《しび》れていたのだ。

「荷物を内庭に運びなさい」と金弘集は下男に言いつけ、子どもたちを従えて、無事に帰ったことを告げるためにハルモニの部屋に向かった。

開けた荷物の中から澄んだ海緑色の磁器の椀が二つ現れると、ハルモニの目は嬉しさに輝いた。かつての韓国の首都で芸術の中心地だった松都は、表面のきらめくような緑色の下にくっきりと文様が描かれた繊細な瓶（高麗青磁）で知られていた。

金弘集が夕食を終えると、家族全員が父親のそばに集まった。疲れていた金弘集のために、妻は食事の膳をハルモニの部屋まで運んだ。父が食事を済ませるまでは、誰も口をきかなかった。当時の韓国では「話をすると食事がまずくなる」と考えられていたからだった。「食べる間は食べて、食べ終わってから話しなさい」ハルモニは孫たちにそう教えていた。

「旅の話を聞かせておくれ」

ハルモニは、息子が匙を置き、キムチできれいに拭いた箸を刺繍のある箸袋に収めると、そう尋ねた。

「よい旅でしたよ。幸運な旅でした」金弘集は話しはじめた。「行く先々に魔除けのチャンスンが立っていて悪霊を遠ざけてくれました。木の下にある石積みの城隍壇《ソナンダン》には小石を投げるように気をつけていました。そして、二体の大きな弥勒像の前では輿を降りて礼拝いたしました。その弥勒《みろく》像はたいそう大きいのですよ、オモニ。とても頑強そうで、本当に鬼神も恐れるにちがいありません」

金弘集が言ったのは韓国の首都ソウルと古い高麗の首都だった松都を結ぶ街道沿いにある二体の大きな石像のことだ。この国のあちこちにそのような石像があり、人々は弥勒とか、石の人と呼んでいる。その小さなものが鬼神避けのチャンスンであり、村落や街道を風に乗ってやってくる悪霊から、村や道を護るために立てられる。そのほかにも大きな石像があり、崖や岩山に刻まれた磨崖仏がある。

京畿道披州市龍尾里に立つ弥勒像

「その二体の弥勒は白仏くらい大きいのですか、アボジ」とヨンドが父親にたずねた。ヨンドは、自分たちが住むソウルから数マイルのところの崖に彫られた白い仏陀像を、家族といっしょに遠足で見に行ったことがあった。その足元には小さな川が流れていた。土地の人が言うには、どんな大きな洪水でもこの賢明な導師の仏陀像の衣に届くことすらなかった。高くそびえる頭部を覆う小さな屋根は、雨やみぞれが仏像の白い塗料をたやすく流してしまうのを防いでいた。

「そうだね、あの二体の弥勒は白仏よりも背が高いよ。巨人の夫婦のように並んで立っているね。あの弥勒も、険しい岩から彫り出された男と女なのだよ」

「あの二体の弥勒の物語があるわ」ハルモニが、考えながら言った。

「あの弥勒は鬼神ではなくて物乞いを追い払うために建てられたのだと、私のハルモニが言っていたわ。じっさいに弥勒は物乞いを追い払ったけれど、建てた人の思い通りというわけではなかったの」

「いま私も、あの話を思い出しましたよ、オモニ。あの話を子どもらに話してやってください、私がヨンドの歳の頃に話してくださったように」と金弘集が言った。

そうね、あの弥勒は、ある金持ちがむかし住んでいた屋敷のそばに立っているわ。その男は、それぞれ形の違う門が五つある立派な家に住んでいたの。その人の名前を思い出せないので、ヨンということにしておきましょう。ヨンは心が優しくて、魔法の猫のお話の姚《ヨー》みたいだったわ。匙職人の禹《ウー》のように、ヨンは門を叩く物乞いを決して追い払うことのできない人だったのよ。

物乞いは列を作ってやって来たの。鉢と小さな鐘を持った托鉢僧たちや、米の穫れなかった貧しい農夫や、悪い役人に最後の銭差まで巻き上げられた町の人もいたわ。そういう人たちが、踏み固めた道を数珠つなぎになってヨンの家の開け放たれた門までやって来たのよ。ヨンの家の下男は、手を伸ばしてくる物乞いにご飯やお金をにぎらせてやるのに朝から晩まで大忙しだったわ。けれども、ある日金櫃の底に残った銅銭の数を見たヨンは慌ててしまったの。覆水盆にかえらずというけれど、金櫃から流れさったお金は戻って来そうもなかったの。

ある日の午後、一人の旅人がヨンの門を叩き、少し休ませてはもらえないかとたのんだのよ。その人は老人で、詩人の帽子をかぶっていたの。ヨンはその年とった学者を舎廊房にお通ししたわ。椀に盛った暖かいご飯に添えて、元気をつけるために美味しい酒を一杯お出ししたのよ。

「あなたのお口からは知恵がこぼれております」ヨンは客人にそう言ったの。「どうかその珠玉のようなご助言をいただけませんでしょうか。わが家の門に群がる物乞いに金をやりすぎて、もうじきに私の財産は尽きてしまいそうなのですが、それでも私は物乞いを追い返すことができません。いったいどうすればいいのでしょうか」

老人はじっと考えながら黙って座っていたわ。それからおもむろに語りはじめたの。

「とても簡単なことです。あなたが私といっしょに中庭まで出てくだされば、その方法をお教えいたしましょう」

その中庭で、老人はそう遠くない崖から突き出ている二本の石の柱を指差したのよ。

「あの二つの岩を弥勒に変えるのです。岩を削って大きな男と女を作るのです。その大きな石像ができあがれば、あなたのところにはもう物乞いが来なくなるとお約束いたしましょう」

老人が去った後で、ヨンはその言葉を長い間考えたのよ。

「弥勒を作るには、お金がかかりすぎる」

ヨンは、最初はそう考えたの。けれども、あんまり沢山の物乞いが施しを求めてくるので、やっぱり老人の助言に従うことに決めたのよ。

大きな石に弥勒を彫るのは、本当に高くついたわ。おかげで、裕福なヨンの金櫃にあったお金は全部なくなってしまったの。けれども、とうとう二つの弥勒像がその場所に立ったのよ。弥勒の姿は今日見るのと同じように頑強だった。それぞれ石の帽子をかぶり、石の官服を肩につけていたの。

そして、その後まもなく、あの学のある旅の老人がヨンの屋敷を訪れたの。けれどもヨンは、あの時のような愛想のいい丁寧な歓迎の言葉を、今は持ち合わせていなかったの。

ヨンは老人の白髪混じりの髷をわしづかみにして、振りまわしたの。

「よくも、やって来られたものだな。おまえのおかげで、おれは破滅だ、おまえとおまえの弥勒のせいでな」とヨンは叫んだの。

けれどもその老人はただ笑いながら、こう言ったのよ。

「もう少し辛抱していただけませんか、立派なお方。あなたが私に求めた魔法は何だったかな」

「私は、物乞いたちを遠ざける魔法を願ったはずだ」

「それで、その魔法は効かなかったのかな。門口には物乞いは一人もおらぬが」

ヨンはしょんぼりとうなだれて、「たしかに物乞いは一人もいない。物乞いたちは、ここに来ても、もう何もないということを、よく知っているんだ」とヨンは言ったの。

「それなら文句を言ってはいけない。私は、あなたの望むとおりの魔法を授けたではないか。そして、あなたはこの国の誰もが知っていることを学んだのだ。物乞いがいない唯一の場所は施す物が何もない所だということを」

ヨンは老人に頭を下げて赦しを願ったのよ。

「またもう一つ賢いお言葉をいただきました。私が愚かでした。しかし、私にとっては、貧しい腹を空かせた物乞いのために私の金櫃を空にするほうが、あの石の弥勒たちのために金を遣い果たすよりもよかったのです」とヨンは言ったの。

【解説】

これも貧しい人たちに惜しみなく施しを与えた善良な男の話です。

この男が建立した二体の弥勒は、金弘集が向かった松都（開城）とソウルの間の都市・坡州市の龍尾里の長芝山の麓に現在も立っています。この弥勒像については、カーペンターとほぼ同じ時期に日本と朝鮮を旅したイザベラ・バードの『朝鮮紀行』にも詳しい記述とスケッチがあり、「これは二体の弥勒で、堅固な岩から彫り出した高さ約三十五フィートの巨大な胸像である」と記されています。

この弥勒像には、ハルモニの話とは別の高麗国王・宣宗（一〇八三〜九四）の祈子伝説があります。

イザベラ・バード
『朝鮮紀行』の挿絵

この伝説によれば、継子に恵まれなかった宣宗が悩んでいると、ある夜、妻の夢に二人の道僧が現れて「長芝山麓に住んでいるが、空腹に苦しんでいる」と訴えます。不思議に思った王がさっそく長芝山に使者を送ると、二つの巨大な岩が並んでいたので、それを供養して二体の弥勒とし、寺を建て、供養すると継子・漢山公を得たというのです。

坡州の二体の摩崖仏は、いったい何時、誰が刻んだのかわかりませんが、このような物語がいくつか生まれたということは、韓国の人々の弥勒に対する厚い信仰とその歴史の深さを物語っているように思われます。

22　モグラと弥勒《みろく》

ハルモニはほかにも弥勒の話を知っていた。ヨンドたち男の子が内庭《マダン》に出て、雪で弥勒の像を作っていたある冬の日に、ハルモニはその話をヨンドにしてやった。

もう何日も雪が降り続いていて、ソウル近郊の大きな山々は冬空を背にして白い壁のようにそびえ立っていた。風は夜通し吹いていた。内庭《マダン》の隅々には吹き溜まった深い雪があり、手に一杯集めて雪だるまを作るのには申し分なかった。男の子たちはよく働いた。男の子たちが作った雪の弥勒は背筋を伸ばして立っていて、子どもたちが被せてくれた馬の鬣《たてがみ》で作った古い帽子を自慢しているかのようだった。

事件は子どもらが夕飯を食べている時に起きた。子どもらは食べ終わると、みんなで作った弥勒を見に来てほしいとハルモニにおねだりしたのに、犬がハルモニより先に弥勒に気づいてしまったのだ。

犬は、ネズミが雪だるまの中にいるとでも思ったのだろう。あるいは、黒猫を追いかけてでもいたのだろう。雪だるまには、犬が足で引っ掻いた跡があった。そして、背筋を伸ばして誇らしげに立っていた雪の弥勒は片側に大きく倒れかかり、帽子は転がり落ちていた。もう一度雪だるまを作り直すには、その夜は遅すぎた。がっかりした子どもたちの気晴らしに、ハルモニはモグラと弥勒の物語を話してやった。


「これは、地下に住むモグラと、空に向かって頭《こうべ》を高くあげた誇り高い弥勒の物語よ」と言ってハルモニは話しはじめた。

親なら誰しも自分の子どもは素晴らしいと考えているものよ。ヤマアラシでさえ、自分の小さな子どもの触りごこちはなめらかで気持ちがいいと思っているわ。けれど、このモグラの一人娘は、本当に龍のような子だったのよ。その娘の肌は繻子《しゅす》のように柔らかくて、その小さな鼻と鉤爪は上品にピンと尖っていたの。モグラの娘は本当に完璧なモグラだったのよ。

「わしらの愛しい娘の夫はどこで見つければいいかな」モグラは妻にたずねたの。

「あの子にはふさわしいのは、この宇宙で最高の名士です。モグラの王さまに、仲人を送りましょう。王さまが国中どこを探しても、うちの娘にまさる美しい花嫁は見つけることはできないはずです」とモグラの妻は答えた。

「しかし、モグラの王さまが宇宙で最高の名士というわけではないだろう」モグラの父親は大きな声でこう言ったの。「最高の名士でなければ、わしらの珠玉のような娘には不足だ。空はモグラの王さまを見下ろしている。わしは空に行ってこよう」

「いや、私はすべての中で最高ではない」

モグラが門口までやって来ると、空はこう答えたの。「太陽が私を支配しているのだ。空が明るくなるのも、暗くなるのも、太陽次第だ。太陽のところに行きなさい、もしすべての中の最高の者を探しているのならね」

「おれが最強というわけではないよ」と、今度は太陽がそう言ったの。「おれが顔を輝かせるか暗くさせるかは、雲の機嫌《きげん》次第だよ。雲に会いに行きなさい」

それで、モグラは雲の王の門を叩いたのよ。そこでモグラは雲からこんな返事をもらったの。

「私が太陽を隠すのは本当だ。雷も投げるぞ。この手には稲妻を握っているからな。けれど、私が最強というわけではない。風に会いに行け。広い空を横切って、あちこち雲を連れまわすのだからな」

風の前に立ったモグラは身震いしたの。今度こそ、宇宙で最高の名士を見つけたと思ったのよ。「全ての中で最強の方と拝察いたしました」とモグラはそう言って風に深々とお辞儀をしたの。

「私の完璧な娘には、そういう方でないとそぐわないのです」

「私は決して最強の者ではありませんよ、気高《けだか》いモグラさん」風はそう言って、大きな息をひと吹きした。「私が、どこでも好きなところに雲と雨を連れて行くのは本当です。木々を地面につくまで折り曲げることもできます。けれどもただひとつ、私の力がおよばない相手がいます。それは石の弥勒で、あなたの地下の住まいのすぐ上に立っている方です。私は、息を小さく吹きかけたり大きく吹きかけたりしますが、あの石の人をハエの羽ほども動かすことができないのです」

これには野心家のモグラも本当におどろいたのよ。でも、もう一度家に帰ったモグラは、自分の地下の家の上に高くそびえ立つ石の巨人にお辞儀をしたの。

「こんにちは、気高いお隣りの方」

モグラの旅の話を聞くと、弥勒はこう言ったの。「私が強いというのは本当です。空は私を見下ろすとはいえ、私を傷つけることはできません。太陽はどんなにすさまじく照りつけても、私を溶かすことはできません。雲は、雨や稲妻や雷を連れて来ても、私に少しも災難をもたらすことができません。しかしながら、広い宇宙の中で、私にはただ一人だけ恐れる相手がいるのです」

「それは誰なのかお教えくださいい、偉大なる弥勒さま」とモグラは懇願したのよ。

「それはモグラですよ」

「モグラですって、いったいそれはなぜなのですか。モグラは、土の下深くに住んでいるちっぽけな生き物ですよ」

「しかし、私の足下《あしもと》の土を掘り起こせるのはモグラだけなのです。モグラが私の足下を掘ると、私はひっくり返ってしまいます。モグラが地下を掘り続ければ、そのうちに私は頭から地面に倒れてしまいますよ。そうです、モグラこそ私が恐れる相手なのですよ」

さて、ようやくモグラは、自分の龍のような娘にふさわしい夫を見つけ出して満足したのよ。モグラは仲人を呼んで、すぐに若くて男前のモグラとの結婚の段取りをしたの。相手を賢く選んだので、きっと若い夫婦は共に幸せに暮らしたと思うわ。そして、地面の下の家ではきっと子どもをたくさん授かったはずよ。

「そして、モグラは石の弥勒の足下を掘ったりしなければいいのにね。うちの犬が、私たちのあの雪だるまの下を掘ったみたいにね」

オクジャは、おばあさんに代わって、自分らしい優しいやり方でこの話を終わらせたのだった。

【解説】

これは、世界中に広く知られた動物昔話です。もっとも古い記録は、『パンチャタントラ』第四巻の「ねずみの嫁入り」でしょう。韓国では、朝鮮王朝中期に柳夢寅（一五五九～一六二三）の著した野談集『於于野談』に「古来因國婚家禍者不可勝記」という類話があり、現在まで多くの類話が語り続けられています。

日本でも、子どもから大人まで大変よく知られた話の一つで古くは鎌倉時代の『沙石集』（一二七九〜八三）の「貧窮追出す事」や、江戸時代の式亭三馬の『浮世床』に「ネコに名前をつける話」などの類話があり、口伝えの昔話としても全国各地で親しまれてきました。

なお、アールネとトンプソンは、この話を「次々と強いものを求めて、結局は自分にふさわしい元のものにもどる」という形式譚に分類しています。

23　王さまの七番目の娘

門番の朴《パク》じいさんが悪い知らせを持ってきたので、ハルモニはすぐに子どもたちをみんな家の中に呼んだ。
「疱瘡の神さまが、すぐとなりの家の客になったみたいだよ。神さまがお帰りになるまで、お前たちはみんな家を出てはいけないよ。みんな、小さな声で話さなきゃだめよ。隣の疱瘡のお客さまが、こちらのことが気になって壁を飛び越えて来ないようにね。疱瘡の神さまが、もう一度馬に乗って隣から出ていかないうちは、私たちは木を伐ってはいけないし、釘も打ってはいけない

のよ」

「ハルモニ、どうして木を伐ってはいけないの。どうして釘を打ってはいけないの」とヨンドがたずねた。

「おそろしいお客に魔法をかけられているのは、お前の遊び友だちのホチャなんだよ。木を伐って、ホチャの顔に大きなあばたが残ってもいいのかい、釘を打ってホチャの目が見えなくなってもいいのかい。そんな馬鹿なことを聞くものじゃないの。

子どもたちは、なぜ今日にかぎっておばあさんがすぐに怒り出したのかよくわかった。疱瘡神が近所にやって来るということはとてもおそろしいことだった。やって来てから九十三日経たなくても疱瘡神に帰ってもらえるまじないのことは、誰も知らなかったのだ。

ハルモニは、ほかのおばあさんと同じように、病気の鬼神から身を守る良いまじないをたくさん知っていた。オクジャのお腹が痛くなった時には、おばあさんは賢明にも猫の皮で撫でてくれた。これはもちろん、オクジャのからだの中をかじっているネズミが逃げ出すようにという魔法だ。ヨンドが咳き込んで、韓国人のいう「ロバの咳」の発作がゼイゼイいって止まらない時には、ハルモニはすぐにロバの毛から作った薬を薬局に取りに行かせた。ヨンドの喉をムズムズさせている鬼神を追い払うのには、その薬がとてもよく効くとハルモニは考えたのだった。

けれども、ハルモニは、この招かれざる疱瘡の客に効くまじないは知らなかった。医者もまた知らなかったのだ。鍼灸の長い針を患者の体に深く差し込めば、たいていの鬼神を除くことができるのだが、疱瘡の神には効かなかった。

患者の家を訪れて、太鼓を打ち鳴らして踊る巫堂《ムーダン》が、当時の韓国の医者の中では最も効果があったけれど、そのムーダンでさえ、疱瘡の神の滞在を短くすることはできなかった。

「十三日も家の中に閉じ込められるなんて長すぎるよ、ハルモニ」と子どもたちは不平を言った。

子どもたちは、毎朝、隣の家の草葺き屋根を覗いては、そこに疱瘡の神さまが乗って去って行く小さな木馬の姿がないことを期待した。木馬の背には、小さな米袋と旅路のための少しのお金、そして天気の悪い日のために鮮やかな赤い傘が乗っている。この好奇心の強い客には、たいそう丁寧に接したほうがよかった。疱瘡の神が後に残していくのが喜びなのか悲しみなのかは、疱瘡の神の機嫌が良いかどうかにかかっているのだった。

落とさないように羽根を蹴り上げ続けるチェギチャギをして遊ぶ男の子たち

オクジャは天気の良い中庭に出てノルティギ（跳《と》び板《いた》）をしたかった。ヨンドはちょうどチェギチャギの羽根を足の横で蹴る練習をしていたので、そのやり方を忘れたくなかったので、二人ともがっかりしていたのだ。

十二日目に、金《キム》家の人たちは、太鼓の音と、送別の宴でムーダンが疱瘡の客をたたえて歌う声を聴くことができた。呪術に長《た》けたこのムーダンは、家内にこうした重要な事件が起こるといつも呼ばれるのだった。

「王さまの七番目の娘が王妃さまの病気を治して以来、ムーダンたちは私たちの国ではとても尊敬されてきたのよ」とハルモニは、土の塀を越えて聞こえてくる不思議な音に耳を澄ませている子どもたちにそう言った。

それは、私たちのこの龍の背中に乗った国に、王国が一つだけじゃなくて、王さまも一人だけではなかった時代のお話よ。その王さまの一人は六人の子どもを授かったの。でも、それがみんな女の子だったのよ。女の子が生まれたことを知らせる注連縄《しめなわ》は、王宮の門に六度もかかげられたわ。でも、男の子が生まれた喜びを宣言する炭がそこに結びつけられたことは一度もなかったの。

「悲しまないでください」家臣は王さまにそう言ったの。「次はきっと男の子でございますよ」けれども、七人目の子もまた女の子だということがわかったの。王さまはたいそう怒って「その子はいらない、海に捨ててしまえ」と言ったの。

王妃様は辛い涙を流したわ。たとえ女の子でも、自分の子はみんな可愛かったの。でも、妻は、いつも夫の命令に従わなければならなかった。

そのかわいそうな女の赤ちゃんは、石の櫃《ひつぎ》に入れられて蓋に鍵をされたのよ。そして石の櫃は小舟に積まれて、はるか沖まで運ばれて、そこで深い、深い、深い海に落とされたの。

ところが、信じられないことに、その重い石の櫃はきらめく青い波の上に、小舟のように浮かんだの。そして、とうとう慈悲深い僧侶の足元の浜辺に打ち上げられたのよ。「これは王家の紋章ではないか」と僧侶は言ったの。「この櫃には、きっとたいそう価値のある品が入っているのだろう」

僧侶は慎重に石の櫃を開いたの。すると驚いたことに、中には赤ん坊がいたの。まるで母親の腕に抱かれていたかのように、幸せそうに笑いながら息をしていたのよ。

ところで、この僧侶は王さまの七人目の娘の話を耳にしていたの。もしも、その娘が助けられたことを知ったら、怒った父親の王さまはその子に手を出すのではないかと心配したの。そこで僧侶は、その子を寺に匿《かくま》ったの。僧侶は娘に食事を与え、服を着せ、楽しく暮らせるようにしてやったの。

やがて成長して、母や父の素性を知りたい年齢になった王女は、自分を匿《かくま》ってくれた僧侶に「私はいったい何者なのですか」と尋ねたの。

優しい僧侶は、「お前は森の娘だよ。お前の父親は竹の神で、母親は桐《オドン》の木に住んでいるのだよ」と答えたの。そこで、娘は竹と桐の木があれば、必ずお辞儀をしたの。まるで人間の父と母にするようにね。

それから、また何年かが過ぎて、王さまの七番目の娘はその寺で健やかに成長したけれど、あいかわらず「自分が本当は王家の生まれだということ」を知らなかったのよ。ある日、一人のムーダンがやって来て僧侶を探し出すまではね。

「慈悲深い王妃さまがご病気です」そのムーダンはそう言ったの。「王妃のご病気はたいへん重くて、ずっと以前に別れたお嬢さまが見つからなければ、亡くなられてしまうでしょう。あなたさまなら、王妃さまのお部屋にお嬢さまをお連れする手助けをしていただけるものと信じております」

どうして、そのムーダンが王の娘の隠れた場所を知ることができたのか、私にはわからないわ。でも、ムーダンのような霊の世界に通じた物知りは、たいがいの宇宙の秘密には通じているものよ。

「七番目の娘を殺せという命令がないがしろにされていることがわかれば、王さまはお怒りになるでしょう。この子の命がとても危なくなるにちがいありません」

慈悲深い僧侶はそう言って断ったのよ。

「娘も娘を匿った人も、何も怖れることはありません」とムーダンは、はっきり言ったの。「王さまご自身が、お妃さまの命を救うために行方知れずの娘を探しているのです」

ムーダンの言った通り、王さまの七番目の娘が王宮に姿を見せると、ただ歓喜が巻き起こったの。そして王妃の命は助かった。けれども、病気が治って元気になったわけではなかったの。

「はるか彼方の天竺には特別な薬がございます。七人の娘のうちのただ一人だけが、その薬を手に入れて帰ることができるのです。そして、その薬が手に入れば、悪霊は王妃さまの御身体《おからだ》から立ち去ることでしょう」とムーダンは王さまに言ったの。

ところで、天竺は中国の広い平原や高い山々のはるか向こうに広がっているのよ。旅人が無事にそこまでたどりついて、無事に帰還するのは万に一つだったわ。六人の姉たちはみんな、そんな危ない旅の話は、にべもなく断ったのよ。けれども、慈悲深い七番目の、僧侶に育てられた娘は、旅に出ることを承諾したのよ。

広い平原を越えて、深い川をいくつも渡り、高い山々を越えて、娘は母親のためによい薬を探して旅したのよ。そうして、高い山々を越え、深い川をいくつも渡り、広い平原を横切って、娘は旅から戻ってきたのよ。娘は二年もの長い月日をかけてついに薬を持ち帰り、慈悲深い王妃さまの病気は治ったの。

「ムーダンはなんと賢明だったのか」家臣はみんな大きな声でそう言ったのよ。

「もしも、このムーダンが王さまの七番目の娘を見つけてくれていなければ、われわれの慈悲深い王妃さまは本当に亡くなっていたのだ」

「王さまの七番目の娘は、なんと慈悲深い方でしょう」家臣に囲まれた中で、ムーダンはこう言ったのよ。「あの娘が長い危険な旅をして薬を持って帰ってくれなければ、私たちムーダンの治療も無駄だったでしょう」

ムーダンが王さまの七番目の娘を自分たち

（銅銭を投げて占うムーダン）

の守護神にしたのには、そういうわけがあったのよ。今でも、ムーダンは悪霊を追い払う歌の中で七番目の娘の名を呼ぶのよ。

「でもね、ハルモニ」オクジャがこうたずねた。「王さまの七番目の娘はどうして自分のお父さまが竹で、お母さまが桐の木だなんていうことを信じたのかしら」

どうして七番目の娘の父親が、精霊ではいけないの、オクジャ。精霊が竹や桐の木に住んでいてもおかしくないわ。今でも、父親が亡くなって息子が嘆き悲しむ時には、竹の竿《さお》を持つものよ。亡くなった母親が龍の背に乗って彼岸に向かう時には、息子は桐の竿を持つのよ。男たちが守るこうした習わしは、たぶんこの王さまの七番目の娘のお話から伝わってきたのにちがいないわね。

【解説】

ジェンナーが一七九八年に種痘法を発見しワクチンが普及するまで、天然痘（疱瘡）は感染力が強く致死率も高く、医学による治療の難しい病で、その猛威と戦うために呪術に頼ることが世界各地で見られました。

朝鮮王朝時代の韓国でも、家に疱瘡の患者が出るとそれを示す旗を門口に立て、ムーダンが招かれ、病の原因となった「瘟門《シクムン》（過去に天然痘にかかって命を落とした死者の霊）」を呼び寄せて封じ込め、供養し、十三日目に藁などで作った馬に乗せて送り出す儀礼が行われていたのです。

ここでハルモニが語る「パリ公主《コンジュ》」は、疫病神を追い払う不思議な力をもつ巫堂《ムーダン》の起源を語る物語です。

ムーダンの儀礼は、まず巫歌《ふか》によって神を呼び寄せ、この世とあの世を繋ぐ入口を開き、神と人間とが交信し、行き来するために、さまざまの巫歌を歌うことからはじまります。そこで歌われる「パリ公主（捨て姫）」の物語は、ソウルを中心に韓国中部、北部のムーダンにとって、自分たちの呪力の起源を示し、祭祀の場に呪力を引き寄せるための最も大切な歌の一つです。

ハルモニの語りにあるように、パリ公主は、瑞兆《ずいちょう》のもとに生まれながら、女であるがゆえに父王に捨てられ、後に父母に再会し、その病を治すために幾多の試練を伴う長い旅を経て、天竺で無常神仙と出会い、さらに課された試練に耐えて無常神仙と結ばれて子をなし、病を癒す神薬を手に入れて、両親の病を癒し、ついに全ての神（万神）と交信する力をもつムーダンの始祖となります。

公主は旅の途中で、さまざまの占いや夢のお告げを受け、僧たちから支援され、インド（天竺）や三神山（蓬萊山、方丈山、瀛州山《えいしゅうさん》）等の聖地を巡りますが、この試練の物語は後のムーダンの儀礼のほぼ全ての要素を網羅しています。

「パリ公主」のようなムーダンが語る巫歌（口頭伝承）は、一九二〇年代に優れた民話研究者であった孫晋泰によって記録がはじまり、一九三〇年代には京城帝国大学で教鞭をとっていた秋葉隆等に受け継がれ、植民地解放後の大規模な民俗調査を経て、現在に至っています。ここでハルモニが語る「パリ公主」は、秋葉隆が「京城巫女・裴敬載」から聞き取り一九三七年に公にした巫歌をもとにしていますが、孫晋泰が記録した「成造神歌《ソンジュ》」とともに、もっとも豊かな内容をもつ巫歌の精髄であると考えられます。

24　木こりと山神

ある日の午後、食事の膳が下げられた後のこと、ヨンドはしょんぼりとした顔でおばあさんの部屋の縁側に座っていた。

「若い博士《パクサ》は、何を悩んでいるんだい」とハルモニは優しくたずねた。

「ぼくは馬鹿でした、ハルモニ」とヨンドが答えた。

「ぼくは今日、お父さまが言いつけた論語の勉強をしなかったのです。だから、お父さまは明日の田舎の田んぼの見回りにぼくを連れて行ってくれないんです」

「それで、お前はどこにいたんだい、ヨンド。舎廊房で孔子の言葉を暗誦していなければいけない時間にだよ」

「舎廊棟の庭で男の人たちが将棋《チャンギ》をして遊んでいたんです」とヨンドはそう言うと目を輝かせた。

ヨンドは、男たちを誰でも夢中にさせる将棋の見物がどんなに楽しかったか、まだ忘れられないのだった。

「そうね、いつだってそうなのよ」とハルモニは頷いた。

「老人たちがチャンギを指しているあいだに斧の柄が腐るのよ」

「それはどういう意味なのですか、ハルモニ」

ヨンドは、明日の楽しみがなくなってがっかりしていることをしばらく忘れて、おばあさんを見上げた。

「そうね、そろそろ暗くなってきたわね。でも、お前が布団を敷くまでに、そのお話をしてあげることができると思うわ」

それは、たしか閔《ミン》という名前の木こりのお話よ。ミンは、山頂からふもとの木がみんな切られてしまう前の時代に生きていた人よ。ミンの小さな草葺き屋根の家の暮らしは、本当に楽しかったはずよ。ミンの女房があんな癇癪《かんしゃく》持ちでなかったらね。女房はミンに、朝から晩まで小言を言い続けたのよ。トントンと砧を打つ時も、女房の小言の声は砧より大きく響いたわ。

「こんな口やかましい女からは逃げ出したい」と木こりが考えたとしても、誰も咎《とが》められないわ。木こりは、自分が住む谷の向こう側の、木が生い茂った山の上までとぼとぼとのぼって、よく歌を歌っていたの。背中に背負子《チゲ》を背負う方が、女房に砧の杵で叩かれるよりはずっと楽だったの。

誰もがするように、ミンも田舎道を歩く楽しみを歌う即興の歌をよく作ったものよ。この日、ミンは大声でこんな馬鹿げた歌を作って歌ったの。

ほう、じょうぶな背負子が、おれの背中に乗っている
家《うち》の竈に欠かせない、木の幹や枝を乗せて
幹も枝も高く積み上げよう、高く、もっと高く
家の虎女が吠えるのを、静めることができるほど

山の上は、お寺の中にいるように静かで安らかだったのよ。そして、太陽はとても明るくて空はとても青かったから、ミンはどんどん山の上にのぼって行ったの。そして、時々立ち止まっては、水晶のような小川の水で顔を洗ったり、岩のあいだに咲いている野の花に見ほれたりしたのよ。

そうしているうちに、ミンは木立のあいだに小さな空き地を見つけたの。山を登ってきたミンが休むのに、ちょうどいい場所だったわ。

ところが、そこには先客がいたのよ。奇妙な格好をした老人が四人、木陰に座って、平らな石を囲んでチャンギをしていたのよ。その老人のチャンギのやり方は、今朝お前が舎廊棟で見た人たちのと同じだったにちがいないわ。

そばにいることを知らせるために小さい咳払いを一つして、ミンはチャンギをしている老人たちに近づいて行ったの。老人は顔を上げてミンに挨拶をしたわ。「客人はお疲れのようだ。喉が

渇いておられる」と、一番年長の老人が言ったの。「これ、この方にスル（酒）を一杯差し上げなさい」老人は、そばにしゃがんでいた若い下僕にそう命じたのよ。ミンはものすごく年取った人たちのそばに座って、おいしい酒を飲み、チャンギの対局を見物したの。

そのものすごく年取った人たちの対局はゆっくりだったわ。一手ごとにじっくり考えて、年を取って皺《しわ》だらけの手が、まるで地面を這うカタツムリのように、盤の駒の上を行ったり来たりしていたの。風は柔らかで暖かく、ミンは眠くなってきたのよ。対局を見ているうちに、ミンは居眠をしたの。そしてしまいにはぐっすり眠ってしまったみたい。王手を決めた老人が「チャン（王手）」と叫ぶたびに、はっと首をもたげたけどね。

ミンがやっと目を覚ましたのは、日が傾く時刻だったの。「おれがここで油を売っていたと知ったら、うちの虎女は怒るだろうなぁ」ミンは独り言を言い、地面から起き上がろうとしたの。ミンに何が起きたと思う。節々が痛んで、こわばっていたのよ。立ち上がるのもやっとだったわ。下を向いて自分の着ている物を見ると、破れてぼろぼろだったの。あごから下に伸びているこの白い物は何かしら。ミンの髭も髪の毛も、チャンギをしていた老人たちと同じように雪のように白くなっていたの。あの老人たちはどこへいったのかしら。姿も声もしなくなっていたのよ。「あの年寄りたちは山の神だったにちがいない」ミンは思わず声をあげたわ。「連中に魔法をかけられたんだ。連中はおれのいい服を取り上げてボロを置いていったんだ。斧も盗まれた。斧があったところには朽ち果てた木の柄と錆びた鉄のかけらがあるだけだ。おれの背負子も、虫に食われてボロボロだ。アイゴー、アイゴー、女房がなんて言うだろう」ミンは泣き声をあげたわ。

よろめきながら、かわいそうな木こりは山を下って行ったの。自分の村のそばまでたどり着いた時には、木こりの驚きはいっそう大きくなったわ。

「おれが、今朝山にのぼった時には、村はこんなじゃなかったぞ」と木こりは独り言を言ったの。

「田んぼの角にこんな家は建ってなかった。幼馴染のチョの家の草葺き屋根は新しくはなかったぞ。酒幕《チュマ》に集まってるこの知らない人たちは、いったい誰なんだ」

ミンの家の門の穴には知らない犬がいた。「誰を探しているんだい、じいさん」すれ違った若者が、破れてぼろぼろのミンの身なりを見て、敬意を欠いた言い方で尋ねたの。

「木こりのミンの家を探しているんだ。ここがそうじゃないのかい」

「ああ、ここがミンの家だよ。でも、ミンは三十年も前に亡くなったんだ。息子がここで暮らしているけれど、今は田んぼに出かけているよ」

「それで木こりのミンはどこにいるんだい」

かわいそうなミンはそうたずねたのよ。

「悲しい出来事だったんだよ、おじいさん」若者はそう答えた。「おれが生まれるずっと前の話だけど、ミンは薪を集めに山に行って、そのまま帰って来なかったそうだよ。多分虎に食べられたんだろう。それとも、墓場の木を切って、鬼神に連れて行かれたのかもしれないね」

「そういわれても、このわしが木こりのミンなんだ。そして、ここはわしの家だ」

老人は、まわりに集まって来ていた人たちに向かって叫んだのよ。みんなは、驚きと恐ろしさで、お互いに顔を見合わせたのよ。

「あの世から戻ってきたのかい、墓の中から生き返ったのかい」

みんなは大声でそう言って、ミンを罵《あざけ》りはじめたの。みんなはミンの顔に向かって拳を振りまわしたわ。それから、走って逃げてしまったの。

年とった木こりのミンの皺だらけの頬に、涙があふれたの。ミンはとても年を取ってしまったわ。まるで深い山の谷でチャンギをしていたあの男たちと同じようにね。

ちょうどその時、門に向かってとても年を取った女が歩いてきたのよ。その女の髪もまた白かったわ。顔は皺だらけだった。そして女は両手に砧の杵を持っていたのよ。

「どこに行けば木こりのミンの妻に会えるかご存知ですか」

混乱したミンは、丁重にそう尋ねたけど、自分がミンだと口にするのはためらったわ。

ひょっとしたら、この女もまた、鬼神に会ったみたいにミンを罵るかもしれない。

けれども、その女はしばらくミンを見つめただけで、それからミンをがみがみ叱りはじめたの。

「あんたのことはよく知ってるわ、じいさん。三十年経ってもね。あんたはミンで、私はあんたの女房だよ。こんなに長いあいだ、私一人の手で幼い息子を食べさせなければならないように放っておくなんて、よくもそんなことができたものだね。あんたはろくでなしだよ。もういちど叩き出してやろうか」

女はミン老人の白い鬚をひっつかむと、その肩を両手の砧の棒でさんざん叩いたのよ。

「ほう、これはいいぞ」ミンは、妻が殴ってくるのをかわしながら、そう言ったのよ。

「これこそ家に帰ったというものだ。ともあれ、ちっとも変わらずに、わしのことも忘れずにいたやつがここに一人はいる」

これが、そのお話なの。このお話はこんな言葉を教えてくれるわ。

「将棋を打つ間に斧の柄が腐る」

この言葉の意味はどういうことかしら、ヨンド。その意味はね、「少年が遊びに時間を費やし過ぎると、学問は成就しない」ということよ。そうして、その子は明日のお父さまとのすてきな旅には行けないということよ。


【解説】


昔話には、私たちが生活する世界とはまったく違った「他界」「異郷」「不思議な世界」が登場します。そこは口をきく動物や、神や妖精や妖怪、魔女や巨人や龍など、さまざまの不思議な存在が暮らしています。

この話に登場する仙人の住む他界は山の中にあり、私たちの世界とは違ったタイプの時間が流れています。ほんのわずかの時を過ごしたはずなのに、地上にもどると数十年の時がすぎているのです。これは、「龍宮」という水中の他界で夢のような時を過ごした浦島の経験とよく似ていますね。

この話の木こりは、神仙に勧められて酒を飲み、異界のものを口にしてしまいます。これは「古事記」のイザナギが死んだ妻のイザナミを訪ねて黄泉の国を訪れて黄泉《よみ》の食物を口にした「黄泉《よもつ》へぐい」と同じく、黄泉の国（異界）の人に同化することを意味します。異界で酒を飲んだ木こりは、神仙と同じ時を生きる力を得たのと同時に、この世の時間と決別することになってしまったのでしょう。

日本にも東北地方と九州沖縄を中心に、木こりが山中で碁打ちをする神仙に遭遇し、見ている内に斧の柄が朽ち果てる「山中の碁打ち」という話がみられます。

25 善良な弟の報い

金《キム》家の屋敷の中の家々には大勢の人がいるが、そこにもう一家族が加わった。不幸に見舞われた金弘集の弟が、妻と子どもたちを連れてこの瓦葺きの家に身を寄せたのだった。
「どうして、あの人たちはぼくらと一緒に住むの、ハルモニ」とヨンドがおばあさんにたずねた。
「どうして自分たちの家にいないの」ヨンドは、いとこたちが何故ここに移り住んできたのかよくわからなかった。ヨンドたちは、コマ回しや凧揚げをしたかったのだ。人があんまり多いので、内庭でのブランコの順番が、なかなかオクジャに回ってこなかった。

「あの人たちは、不幸な目にあったのよ」とおばあさんは説明した。

「裕福な兄弟のところに身を寄せずに、いったいどこに行くんだい。兄が、困った弟を迎え入れないでどうするんだい。私たちの家の門は、いつだって客人のために開けてあるんだよ。見知らぬ人にだって、私たちは食事を出すんだよ。それなのに、兄弟が追い返されるなんてことがあるはずはないよ」

「それにヨンド、このきまりを守らないと、次にはきっと私たちに不幸がやって来るのよ。二人の兄弟のお話をしたことがあったかしら。欲深い兄と善良な弟がいて、それぞれがどんな報いを受けたかというお話よ。聞いたことがなかったの。それじゃ、そばに座ってよくお聞きなさい」

昔むかしあるところに二人の兄弟がいたの。兄は裕福で、弟は、ちょうどお前の叔父さんのように、不幸の手につかまっていたのよ。二人の父親が龍の背に乗って遠い彼岸に行ってしまうと、家族の財産を兄がひとり占めしてしまったの。亡くなった父親の家長の役目を引き継いで、弟の面倒を見ずに家から追い出して、「どこにでも勝手なところへ行け」と言ったのよ。

この兄弟の名前は、欲深い兄をコ・サンシップ、弟をコ・サンフンとしておきましょう。お父さんが残した立派な家には、サンシップと妻だけが住んだの。わがままなサンシップは、子宝に恵まれなかった。いっぽうサンフンには、妻と、息子が何人かいて、土壁の小さな家に住んでいたのよ。その家の草葺き屋根はとても古くて、大きな穴が開いていて、雨が空からみんなの頭の上にそのまま降る始末だったわ。夜になれば、オンドルもない冷たい土間にボロボロの藁布団で眠ったのよ。お互いに抱き合って横になり、暖め合うしかなかったの。

サンフンは、藁草履を編むほかにも、仕事があれば何でもして、なんとか自分の小さな家族を養っていたの。でも、子どもたちはいつもお腹が空いて泣いていたわ。この家には盗もうにも米粒一つもないと、ネズミが仲間に愚痴をこぼすくらいだったわ。

ある日、サンフンの妻が不運な夫に「裕福なお兄さんに助けてもらえるように、末っ子をお願いしに行かせましょう」と言ったのよ。「小さなあの子のやせ細った姿を見れば、きっとお兄さんは、大きな食物蔵から少しは食べ物を分けてくれるでしょう」

ブランコに乗る少女たち

けれども、欲深い金持ちの兄は、その子を追い返してしまったの。「うちには、おれたちの分の食べ物しかない」兄はそう言い放ったのよ。「米も豆の粉も、しっかり鍵をかけて蔵にしまってある。ふすまは、牛にやるために取っとかねばならん。余分な穀物はニワトリにやらねばならん。食べ残しをお前らにやれば、うちの犬どもが怒るだろう。犬が噛みつくまえに出ていけ」

末息子は家に帰ると、恥ずかしくて、叔父さんの言葉を繰り返すのをためらったわ。少年はただこう言ったの「何も持って帰れませんでした。叔父さんがいらっしゃらなかったのです」

「そうかい」母親はそう言ったわ。「履いてるこの靴を売ることにするわ。藁底がしっかりしていて、まだ履けるわ。これで、夕飯のお米を買うお金が手に入るでしょう」

ところがその夜、善良な弟にはもういちど幸運がやってきたのよ。サンフンは、山で木を集めていた時に素晴らしい宝を見つけて、家に持ち帰ったの。その宝は人蔘《インサム》と呼ばれる生薬《きぐすり》の根だったのよ。王さまやお妃様でも、春には人蔘を煎じて飲むのよ。生薬屋は、サンフンに人蔘の代金をたくさん払ったの。その代金で、女房の靴を買い戻すことができたわ。女房は、もういちどサンフンといっしょに仕事に出かけることができたのよ。

サンフンの女房は、米を選り分ける女たちに交じって働き、サンフンは背負子《チゲ》を背負って、村の金持ちの荷物を運ぶ仕事をしたの。そうして、夫婦はその冬を乗り切ることができたのよ。

春が来て、南から帰ってきたツバメがサンフンの小さな家の草葺き屋根の庇《ひさし》の下に巣を作ったの。じきにツバメの雛が生まれたわ。

ある日、中庭で草履を編んでいたサンフンは、庇《ひさし》のかげから出てきた大きなヘビが、雛に向かってスルスル這っていくのを見たの。サンフンが追い払う前に、ヘビは一羽を残して雛をみんな飲み込んでしまったの。そして残された雛も、巣から地面に落ちてしまったの。雛を拾い上げたサンフンは、雛の片足が折れているのに気がついたの。

優しくて心の広いサンフンは、雛の折れた足に魚の干物の皮で作った当て木を当てて、包帯を巻いてやったの。子どもたちは、その雛がもう一度ピョンピョン跳べるまで、餌をやって面倒を見たわ。雛の足は曲がってしまったけれど元気になって、嬉しそうに囀《さえず》りながら飛ぶようになったのよ。

日が短くなって、夜風が冷たい秋になると、足の曲がった小さなツバメは、サンフン家の中庭でもう一度ぴょんぴょん跳ねて、南に飛んで行く前の別れを告げるかのように囀《さえず》り続けたの。

次の年の春、足の曲がったそのツバメはまたやってきて、サンフンの手に舞い降りたかと思うと、手のひらの中に見たことのない種を一粒落としたのよ。その種の片面にはサンフンの名が見事な筆跡で書かれていて、裏には「私を植えて水を注げ」という言葉があったの。

足の曲がったこの小さな鳥は、話すことはできなかったけれど、それは鳥の王さまがサンフンに送った種だったの。私のハルモニは、「種は雛をヘビから助けて、折れた足を治してあげた、親切なサンフンへのご褒美だった」といつも言っていたわ。

その種は、芽を出して大きくなったの。サンフンの小さな家の草葺き屋根に届くくらいの高さになって、太いつるにはものすごく大きな瓢箪《パガジ》が三つなったわ。陰暦の九月中頃になって、サンフンは妻にこう言ったの。「今日はあの瓢箪を切ることにしよう。実は食べられるし、固い殻でお椀が作れるぞ」

サンフンが一つ目の瓢箪を割ると、夫婦の目の前には見たこともない光景が現れたのよ。瓢箪の中からは召使いが二人出てきて、銀の椀とお酒を乗せた膳を運び出したの。

「この瓶に入っているのは長寿の酒でございます」鬼神の召使いはサンフンにそう言ったの。こちらの瓶は盲人の目が見えるようになる酒でございます。こちらの瓶は、口のきけぬ人がしゃべれるようになる酒でございます」

二つ目の瓢箪を割った時には、驚きのあまり夫婦は言葉も出なかったわ。瓢箪を割ると同時に、中庭は光り輝く箪笥であふれかえり、その中には高価な絹やすばらしい亜麻布の巻物が詰まっていたのよ。

三つ目の瓢箪を割ると、大勢の大工が、道具といっしょに丈夫で立派な木材をたずさえて現れたの。驚くサンフンの目の前に、瓦屋根の家や馬小屋、穀物蔵がいくつも地面から建ち上がったのよ。門という門からは、家具や米や美味しい食べ物を積んだ子牛が長い行列を作って入ってくると、庭のキムチや味噌や醤油の瓶をふちまでいっぱいにしたの。召使いや馬や、裕福になったサンフンの持ち物は、なんでもこの三つの魔法の瓢箪から出てきたのよ。

さて、噂は千里を走るものだから、サンフンの兄が弟のこの幸運を聞きつけるのに時間はそんなにかからなかったわ。欲深い兄は、その幸運が起きたわけを聞き出そうとして、大急ぎでやってきたのよ。サンフンから足の曲がったツバメの話を聞いたサンシップは、自分も同じ魔法を試してみようと決めたの。

家に帰る途中、小鳥を見かけるたびに、サンシップは持っていた杖で叩いたの。小鳥をたくさん殺したあげく、やっと小さなツバメの足を折った情け知らずのサンシップは、難なくそのツバメを捕まえたわ。サンシップは、ツバメの足を干した魚の皮で巻き上げたの。その鳥がまた飛べるようになるまで、弟がしたのと同じように、家から出さなかった。けれども、サンシップには優しさのかけらもなかったから、ツバメがサンシップの屋敷から飛んで行った時にはお礼の囀りもなかったわ。ツバメは鳥の王に向かって大きな声で囀りながら、自分の足の骨を折ったサンシップのしわざを言いつけたにちがいないわ。

春になって帰ってきた、足がくの字に曲がったツバメは、サンシップにも同じように種を一粒持ってきたの。欲の深いサンシップは、緑のツルが家の壁をつたってのぼっていくのを嬉しそうに眺めたわ。そしてこの植物は育つのがすごく早かったの。どんどん大きくなって、家を全部厚くおおってしまったのよ。太いツルがサンシップの家の瓦をはずしながら伸びたのよ。雨がサンシップの大切な持ち物の上に降り注いだわ。もういちど瓦を留め直すために、サンシップはたいへんな出費をしなければならなかったの。

瓢箪は三つではなくて十二個できて、どれもキムチの甕くらいもあるとても大きな玉だったわ。旧暦九月が巡ってくると、サンシップは、大工に何百貫もお金を払って、その瓢箪を割らせたの。

そして、とても困ったことが起きたのよ。最初の瓢箪からは旅回りの綱渡芸人一座が出てきたの。その綱渡芸人に屋敷から出て行ってもらうまで、サンシップはたくさんの米や何百貫ものお金を出さねばならなかったの。

二つ目の瓢箪から出てきた僧侶たちの行列にお引き取りいただくためには、もっとお金がいったのよ。僧侶たちは、寺を立て直すために一万貫のお金を要求したわ。

どの瓢箪も、二つに割ってみると、サンシップは沢山のお金を払わなければならなかったの。葬式の行列が出てくると、喪人たちが支払いを要求したわ。妓生《キーセン》の一団が出てくれば、歌や踊りや鮮やかに翻《ひるがえ》る旗に大変なお金を払わねばならなかったわ。旅回りの軽業師一座もたいへんだった。道化師は長旅のためにお金がたくさん必要だった。役人は群れをなしてやってきて、税金の「上前《うわまえ》」を要求したわ。巫堂《ムーダン》の一団は、病気の鬼神を追い払うかわりに家の中に呼び込むぞと脅したのよ。瓢箪から出てきたこういう厄介者たちは、みんな欲深い兄のお金を持っていってしまったのよ。手品師や盲人の占師や旅の詩人にも、残りのお金が尽きかけるまで払わねばならなかった。そしてとうとう、十一番目の瓢箪から出て来た巨人が、サンシップのなけなしの銅銭をぜんぶ取り上げて行ってしまったの。

「まだ十二番目の瓢箪が残っているわ」サンシップの妻は泣きながらこう叫んだの。

「本当にもう充分に報いを受けたわ。この最後の一つには、食べ物や何かいい物が入っているのかしら」

けれども、大工が十二番目瓢箪を二つに割ってみると、モクモクと煙をあげて炎が飛び出てきて、屋敷も馬屋も倉庫も、お金持ちだった兄の塀の内側の物はみんな焼けてしまったわ。お金は全部なくなってしまったし、家も燃え尽きてしまった欲の深い兄は、どこに助けを求めればいいのかしら。

「弟のサンフンに助けてもらおう」とサンシップは妻にそう言ったのよ。

「だけど、あなたがサンフンのお腹を空かした子を追い返したように、あの人たちも私たちを追い返さないでしょうか」妻はそうたずねたわ。

「おれはそう思わないよ」とサンシップは答えたの。「サンフンの心は空のように広い男だ。あいつは、惜しげなく人にものを与えていたお父さまのやり方を見習っているのだ」

サンシップは正しかったわ。情け深い弟は、門を開けて兄たちを中に入れて、食べ物を出してくれたのよ。そうして、ちょうど私たちがお前の不運な叔父さんに住まいを提供したように、サンフンは欲深い兄のために尽くしてあげたのよ。

そうしなければいけないのよ、ヨンド。鳥の王さまからいただいた立派な家には、とてもたくさん部屋があるのだからね。

【解説】

この物語は、導入の部分で金弘集の弟の一家が何かの理由でキム家の屋敷に移り住むことになります。

朝鮮王朝時代の韓国では長男が家督を継ぎ、屋敷の舎郎棟の中心の舎廊房に住みますが、未婚の弟たちは屋敷の舎郎棟の別室に住みます。そして男子は結婚すると相応の財産分与を受けて分家していき、女子も結婚すれば婚家の内棟に移り住むことになります。この話の場合は、分家して屋敷を出たはずの弟一家がなんらかの理由で、本家の兄を頼って一時的に移り住んできたのでしょう。

朝鮮王朝時代の家督を継いだ長男は、屋敷を受け継ぎ、代々の祖先祭祀を行う権利があると同時に一族の体面を保つ義務がありました。したがって、たとえ家を出て独立した場合でも、兄弟が困難な立場に陥れば、支援する責任がありました。

このエピソードに続いてハルモニが語る「善良な弟の報い」という話は「興夫《フンブ》とノルブ」という話で、朝鮮王朝時代からパンソリを通して人気を博し、ハングル小説「興夫伝」として読み継がれ語り継がれてきた話で、小学校の教科書にも載っているので韓国人なら誰でも知っています。

日本でも「舌切り雀」や「腰折雀」としてよく知られた話です。ただし日本の場合は、「正直爺さん」と「欲深婆さん」という夫婦間、または隣の「意地悪爺さん」という隣人間の葛藤譚が多いのに対し、韓国の場合は「兄弟間の葛藤」が主流になります。

この話の類話には、しばしば上巳の節句の三月三日（桃の節句）、重九・重陽の節句（菊の節句）の九月九日が、燕たちが季節を告げる区切りの日として登場しますし、ホンブに幸せをもたらす瓢箪は、韓国では器としてよく利用され、なじみの深い植物です。語りの中に、韓国の人たちの季節に寄せる思いや、生活がさりげなく織り込まれた馴染みやすい語りです。

26　パンスと馬丁

「佩糸がなくなってしまったの、ハルモニ。あの糸巻きもどこかに行っちゃった！　ぼくの部屋の箪笥の上に置いたのに。でも、そこにはないんだ」ヨンドは心配そうにおろおろして、息を切らしているのだった。ヨンドは、二日前に父親がくれた上等の絹の佩糸の糸巻きをあちこち探しまわっていた。

「内棟の家の中は全部調べたのかい、ヨンド」おばあさんがそうだずねた。

「トッケビが箪笥の下に転がしたんじゃないの。それとも、誰かが使っていないかい。自分で探しても見つけられないなら、あの目の不自由な占師に相談しなけりゃいけないかもしれないね。あの人は本物の判数《パンス》（占師）で、何でも知っているよ。

むかしのお話で、馬丁の申《シン》の盗まれた馬を見つけ出したのは、パンスだったのよ。もっとも、シンが油断しないで気を配っていれば、自分で見つけられたはずだけどね」

「シンは馬をどこで見つけたの、ハルモニ」

自分も同じようにして佩の糸巻きを見つけられればいいと思いながら、ヨンドはハルモニにそうたずねた。

長いお話じゃないわ。お聴きなさい。どういうことだったか、お話してあげるわ。馬丁のシンは、遠くの町まで大事なお使いに出されたのよ。ご主人さまの友だちに贈り物を届けに行ったのよ。その友だちは、まもなく還暦のお祝いをするところだったの。若いシンはご主人さまの立派な馬に乗り、すべて順調だったの。旅の帰りに、とある田舎宿に泊まるまではね。

次の朝、シンが宿で目を覚ますと、ご主人さまの立派な馬がいなくなっていたのよ。馬を繋いであった場所には、山の神のように年取った貧相な馬がいたの。片足がびっこで、片目だったわ。そんな老いぼれ馬を連れて御主人のもとに帰るわけにはいかないと、シンは思ったわ。

「こんなことが俺の身に起きるなんて、信じられないよ」とシンは宿の主《あるじ》にそう言ったわ。「この旅にかぎっては、俺は馬の尻尾の毛と、赤い手綱の端切れを堂山木《タンサンナム》（村の神木）にちゃんと架けたんだよ。旅の途中では、鬼神に礼を示して城隍壇《ソナンダン》に小石を供えたし、チャンスンにはちゃんと頭を下げたんだ。でも、この旅は俺には、大凶とでた。昨夜にかぎって、流れ星を見たんだよ。あれが用心しろという知らせだったんだ」

宿の主人にすすめられて、シンは、馬を入れていた馬屋の神に椀一杯の米を供えて、供え物に向ってお辞儀をすると、大きな声でこう言ったの。

「馬屋の神さま、お供えをいたします。どうぞお召し上がりください。そして、どうかいなくなった馬の居場所を私にお教えください」

けれども、かわいそうなシンに光は差さなかったわ。

シンは次に巫堂《ムーダン》にお願いしたの。呪術師のムーダンは祈りの言葉を唱えて宿の中庭で歌ったり踊ったりしたの。真ん中がアリの腰のように細くなったチャングも叩いたわ。けれども、あの立派な馬が駆けて戻ってくることはなかったの。

「判数《パンス》を探そう」シンは宿の主にそう言ったの。

「過去も未来も見ることができるパンスだけが、俺をこの災難から助けてくれるんだ」そうして、シンは盲目の預言者を探し当て、いなくなった馬の居場所を教えてほしいと頼み込んだの。

占師の例にもれず、このパンスも秘密を見つけ出す方法をいくつも知っていたの。まず、竹の棒（筮竹《ぜいちく》）が八本入った小さな亀の形の箱を振ったのよ。そうして筮竹に住んでいる鬼神に「良き人たちよ、どうか暗闇に光を当てたまえ。この善良なる若者が馬を見つけるのを助けたまえ」と大声で呼びかけたの。

それからパンスは、短い占い棒を膳の上に投げると、それを考え深そうに指で触ったの。どんなお告げが出たのかを見極めるためにね。蛙の形をした小さな箱から振り出した三枚の銅銭にも、パンスはまず最初に同じようにしたわ。

それから、パンスは「わかったぞ」というように頷いて、目を丸くしている馬丁のシンにこう言ったのよ。「行きなさい、塩の大きな袋を買うのだ。それを、お前のご主人さまの立派な馬の代わりに盗人が置いていった貧相な老いぼれ馬の目の前に置いて、食べるだけ塩を食べさせてやりなさい。だが、水をやってはいけない。夜が明けてきたら、その哀れな馬を放してやれ。そいつは、まちがいなく盗まれた馬のところに、お前を連れて行ってくれるだろう。

シンは盲目のパンスの賢い言葉のとおりにしたの。馬は塩がとても好きなのよ。そうして、この馬はシンが目の前にあけた塩をほとんど全部食べてしまったの。太陽が空を朝の輝きで染める頃、シンは貧相な年寄りの馬にまたがると、馬の行きたい方に行かせたの。出発すると馬はすぐに駆け出したわ。ソウルに向かう大通りを通って、通りの人混みを抜け、その馬は矢のようにまっすぐ駆けて行ったのよ。シンは馬から落ちないように、鞍にしっかりとしがみついていなければならなかったわ。

そして馬は、とうとうソウルの反対側の村までシンを連れて行ったのよ。そしてとある家の前で止まると、待ちきれないというふうに鼻で門を開けたのよ。馬は一目散に水の桶まで行くと、喉で大きな音をたてながらガブガブと水を飲みはじめたの。けれども、シンの目は、喉が渇いたその貧相な年取った馬じゃなくて、その飼い主が中庭の隅につないでいた素晴らしい馬のほうに釘付けになったわ。

「これは俺の馬じゃないか」馬丁のシンはその家の主人に向かって叫んだのよ。「俺に馬を返せ。でなければ、お前を訴えるぞ」

そうね、突き止められたので、その家の主人はやましい気持ちになったのね。そうじゃなきゃ、馬を盗んだ裁きを受けて、叩かれたくなかったのね。いずれにせよ、その家の主人はシンにすばらしい馬を返し、シンはそれに乗って帰ったの。

馬丁が、ご主人の家に帰って、舎廊棟の中庭でその話をすると、みんなはパンスの知恵に感心して頷いたのよ。だけど年取った門番だけは、こう言ったの。

「そんなことはお前が自分で考えなきゃだめだぞ、シン。馬丁なら誰でもわかってなければいいかん。飼い主は、自分の馬に自分の家でしか飲み水をやらないものなのだよ。その老いぼれ馬に塩をやれば、馬はすごく喉が乾く。すると、どこにいても、馬は自分の水飲み場に帰るだろう。お前がご主人さまのいなくなった馬を見つけるとすれば、その貧相な老いぼれ馬のいた馬屋しかないだろう」

「いいお話でした、ハルモニ」とヨンドが言った。

「でもこの話は、ぼくが凧の糸巻きを見つけるのには役に立たないね」

「あぁ、それなら私がパンスになって、お前の代わりに糸巻きを見つけてあげないといけないわね」ハルモニは笑いながらそう言った。

「オクジャといとこたちが竹人形を板の間《マル》で作っていたのを見なかったかい。人形の髪の毛を作るには、きれいに巻いた絹糸よりいい物はあるかい。でも、オクジャをあんまり叱ってはいけないよ」

ヨンドが妹のところに行こうとしたので、おばあさんはすかさずそう言った。

「あの子は糸を少し借りただけだよ。ケチなことを言わず、優しくしてあげるんだよ。そうすれば、丈夫な、新しい凧の紙を褒美にもらえるかもしれないよ」

【解説】

主人の馬を盗まれた馬子が、厩の神と巫女と判数《パンス》に訴え、巫女と厩の神は願いを叶えることが出来ませんでしたが、知恵のある判数の助言に従って馬を見つけ出す話です。

判数（占師）は、筮竹を使って占い、神を降ろし、銅貨を使って馬の行方を占いますが、この筮竹や銅貨を使う占いは、巫女もよく使う手法です。しかし、ここで判数が下した託宣は、巫女の神降ろしと違って極めて合理的です。馬に塩を与え、喉が渇いたところで後をつけ、飼い主の家をつき止めるというのです。

牛や馬を大切にしてきた韓国の昔話には、「牛泥棒を占いで捕まえる（ＫＴ３６５）」や「少年ウォンニムの裁き（ＫＴ６３７）」など家畜を奪われた者が犯人を捜す話が少なくありませんが、いずれも占いや神頼みではなく、合理的な知恵の働きによって問題は解決されます。現在でも、韓国の人々はムーダンや判数のようなシャーマンや占師に儀礼や占いを願うことが多いのですが、その実、きわめて合理的な判断にしたがって生活していることを示す興味深い話です。

27　スズメとハエ

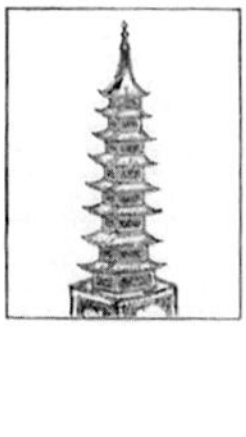

ある午後、ヨンドと妹はおばあさんが虎皮の敷物を掛けて横になっているのに気づいた。いつもなら刺繍針を忙しく動かしているこんな時間に、おばあさんが横になっているのは、とても珍しいことに思えた。

「具合が悪いの、ハルモニ」オクジャとヨンドが、ほとんど同時にたずねた。

「あぁ、ありがとう。頭が痛いんだよ。ネズミが頭の中を走り回っているんだね。でも、家の神さまがお祈りにこたえてくれて、ネズミを追い出してくれたよ。今は疲れているだけ。そばにお座りなさい。話をしてくれたら楽になるわ」

「私が作った詩を聴かせてあげるわね」とオクジャが大きな声で言った。「ヨンドが作るみたいに美しくはないけれど、でもやっぱり詩だからね。ウォンさんが誉めてくれたわ。聴いてみてね、ハルモニ。

なぜ掃除をしなければならないの、おうちを毎日
南風が吹いて、塵を飛ばしてくれる日も

おばあさんは虎皮を掛けたまま笑った。

「そうね、いい詩ね、オクジャ。特に女の子にとってはね。ウォンさんが誉めてくれても不思議じゃないわ。あの子は台所に住んでいて、内房《アンバン》と内庭《アンマダン》をきれいに掃くのは、まだあの子の仕事だからね。あの子はきっと、毎日南風が吹いて、自分の代わりに仕事をしてほしいと思っていることでしょうね」

「今度はぼくがお話をしてあげるよ、ハルモニ」

ヨンドは、大好きなおばあさんを楽しませる順番をじっと待っていたのだ。

スズメとハエのお話で、昔むかし、世界ができたばかりで、すべてを創ったハノニム（天帝）がこの地上でまだ忙しくしていた頃のことだよ。

さて、スズメとハエはお互いを嫌っていたんだよ。毎日けんかをしていたんだ。

それで、ハノニム（天帝）はスズメとハエを呼び出したて「お前たちはなぜけんかをするんだ、ほかの者の迷惑だろう」と二人を叱りつけたんだよ。

ハエが「スズメどもが米を盗むんです」とハノニムに言ったんだ。

「あいつらは田んぼに入るんです。農夫が収穫する前に、あいつらが米を食べてしまうんです。あいつらは、巣を作るために、人の家の屋根から藁を盗むんです。それに、あいつらがうるさく囀るので人間は眠れません。あいつらは本当に迷惑なんです」

「それはいけない。とてもよくないぞ」とハノニムはそう答えたんだよ。「スズメどもは懲らしめねばならん」

そうして、スズメに反論の機会を与えずに、スズメの細くて小さな足を何度も何度も叩いたんだ。「アイゴー、なんてことだ。スズメたちは、叩かれるのが痛くて叫び声をあげたよ。小さな細い足でぴょんぴょん跳んだんだ。

「私たちの言うこともお聞きください、尊い万物の創り主さま」と不幸なスズメたちは叫んだんだ。「ハエたちのほうが私たちよりもずっと悪いのです。あいつらは新米に卵を産み付けて、良い米をだいなしにしてしまいます。人の耳のそばをぶんぶん飛び回るし、食べ物の中にも忍び込むのです。もっと眠っていたいような夜明けに、誰がハエなんか歓迎するでしょうか。ハエは人間にとって、私たちよりもずっと厄介者なのです」

そこで神様は、ハエもたっぷり叩いてやれと命令したんだよ。神様の前に立たされたハエは、まるで刑罰を少しでも軽くしてくださいとお願いする囚人のように前足をこすり合わせたんだ。

最後にハノニムは、けんか腰でいるスズメとハエに「スズメもハエも、争いをやめるなら、どちらも赦してやろう。決してまたけんかをしてはいけない。ほかの鳥は歩くのに、スズメは跳ねるようにしてやろう。そうすれば、スズメは今日叩かれたことをいつまでも覚えているだろう。ハエは、どこにとまっても必ず前足をこすり合わせるようにしてやる。そうすれば、ここで足をすり合わせて赦しを願ったことを忘れないだろう」

「どう、このお話は気に入った、ハルモニ」

話し終えると、ヨンドは心配そうにたずねた。

「良いお話ね。本当にそうよね。スズメは飛んでいてもどこかに降りれば、必ず跳ねるし、ハエは前足をこすり合わせるものね。でも、ハノニムの懲らしめにはあまり効果がなかったわね。スズメもハエも人間にはうるさいままだものね。あいかわらず稲刈りの時にはスズメは盗むし、いつまでも私の顔のそばにハエが一匹飛んでいるわ」

「私は厄介物じゃない鳥のお話を知ってるわ」とオクジャが熱心な口調で言った。

「人の邪魔をしないで、人を助けたのよ。鳥が人の命を助けたの。そのお話をしてもいい、ハルモニ」

「ぜひ話しておくれ」とほほえみながら、おばあさんは返事をした。子どもたちのおしゃべりは、まだ少し残っている頭痛をまぎらわせてくれた。

私のお話は、慈悲深いお坊さんとお寺の庇《ひさし》に巣を作った鳩の物語よ。慈悲深いお坊さんは、いつも鳩に餌をやっていたの。水もおいてあげたわ。鳩を傷つけることは誰にも許さなかったの。

春が来ると、寺の庇の下の鳩の巣には卵が生まれて、その卵がかえると雛がいたの。ある日、瓦の下から大きなヘビが現れて、鳩の巣に向かって這っていったのよ。もう少しで鳩の雛に届くところで、お坊さんがヘビを叩き落としたわ。お坊さんは尖った杖の先でヘビを殺したの。

「そのお話は、ハルモニが話してくれた二人の兄弟と鳥の王の話に似ているね」とヨンドが割り込んで言った。

「同じようにはじまるのよ、ヨンド。でも、違った終わり方をするわ」とオクジャは辛抱強くそう言った。

聴いてちょうだい。次の日の午後、その慈悲深いお坊さんは旅に出かけたの。片手に木の鉢を持ち、もう片方の手には丈夫な杖を持って、善良な人たちにお金やお米の寄進を訴えながら、遠くを目指していったのよ。日の落ちる頃になると、お寺からだいぶ遠くに来ていたの。一人の農夫が宿を貸してくれたので、お坊さんは農夫の小さな家に入ったのよ。疲れていたお坊さんは、居心地のいい暖かな床に座ると、居眠りをしたの。

さて、お坊さんに感謝しているお寺の鳩の一羽が、お坊さんの旅を見守るためについて来ていたのよ。お坊さんが眠っているあいだ、鳩は農夫の家の戸口の外の木にとまっていたわ。そうして、大きなヘビが農夫の家に近づいて行くのに、気がついたの。それは、お坊さんが殺したヘビの霊だったのね。ヘビが仕返しにやって来ていたのよ。

あのヘビが慈悲深いお坊さんに近づいて殺そうとする前に、どうやって危険を知らせたらいいかしら。鳩は考えたの。

私の鳴き声は小さすぎる。お寺の鐘を鳴らさなければいけない。そうすればきっと、お坊さんは目を覚ますだろう。

鳩は翼を羽ばたかせて、お寺に飛んで帰ったの。仲間の助けを借りて、お坊さんがいつも鐘を撞《つ》く撞木《しゅもく》にとまって、力一杯引いたわ。けれども、鳩の力は鐘を撞くには弱すぎたの。そうすると、一羽の鳩が飛び上がって、力いっぱい鐘にぶつかったのよ。

ゴーン。鳥がぶつかった勢いで、鐘の音が響き渡ったわ。けれども、そのかわいそうな鳩は、傷ついて地面に落ちてしまったの。

ゴーンと鐘がもう一度鳴り響いたのは、仲間のために、もう一羽の鳩がわが身を捧げたからだったのよ。鳩は、次から次へとお寺の鐘にぶつかっていったの。お坊さんは、何が起きたのか確かめようと思って、小径を駆け上がって来たわ。もう少しで大きなヘビの霊に襲われるところで、お坊さんは目を覚ましたの。かわいそうな鳥たちが傷ついて地面に横たわっているのを見て、お坊さんは、鳩たちが鐘を鳴らして自分の命を助けてくれたことを知ったのよ。

「お坊さんは鳩のケガを治すことができたと思いますか、ハルモニ」とヨンドが心配そうにたずねた。

「どうかしらね」

ハルモニは、子どもたちを慰めるようにこう話した。

地上におられた頃、仏陀が生き物を助けたという話はたくさんあるの。お坊さんは仏陀の弟子だから、きっと自分を護ってくれた小さな鳩たちの折れた足にうまく添え木を当てることができたんじゃないかしらね。ちょうど「善い弟の報い」のお話で、サンフンがツバメの足を治したみたいにね。

【解説】

ヨンドが語る「スズメとハエ」は、スズメとハエが争い、ハノニム（天帝）が裁定した結果、「スズメはピョンピョンはね、ハエは前脚をこすり合わせることになった」という動物の習性の由来を説く「由来話譚」の一つです。

この話は、韓国では「カササギの裁判（KT15）」として広く知られ、ハノニムではなく賢いカササギが争いを仲裁するのが一般です。ヨンドの話には、残念ながらカササギは登場しませんが、カササギは韓国では「カチ」と呼ばれソウル市の鳥に指定されるなど大切にされています。さらに興味深いことには海一つ隔てた九州でもカササギが「カチガラス」と呼ばれ佐賀県の天然記念物とされているのです。九州では「カチガラス」のカチは、「カチ（勝ち勝ち）」という縁起のよい鳴き声に由来するとされますが、韓国語の「カチ」を起源とするという説もあり、韓半島と九州の一衣帯水の関係を象徴しているように思われます。

ヨンドに続いて、オクジャの語る「蛇を殺して鳥（ハト）を助け、蛇に命を狙われた主人公を、鳥が寺の鐘を撞いて救う」という話も、韓国では「鳥の報恩・鐘鳴型（KT120）」として各地の寺院にまつわる伝説として広く分布していますが、その発祥地はおそらく江原道の原州付近にある雉岳山《チアクサン》ではないかと言われています。雉岳山には普門寺など多くの寺院があり、その伝説の場合は、恩を返すのはキジで、主人公は木こりとされています。

28　上前をはねた利口なシム

ヨンドとオクジャは、おばあさんの部屋の一番大きな箪笥を磨く手伝いをしていた。箪笥の蝶番《ちょうつがい》や飾りに使われている、線刻を施した真鍮の部品を磨いていたのだ。二人が柔らかい布で磨くと、茶色い木の部分は鈍く光るだけだが、真鍮は純金のように輝いた。

金《キム》家にはそういう箪笥がたくさんあった。衣装や宝飾品を入れる箪笥もあった。子どもたちが二人で磨いているのと同じくらいの、とても大きな金櫃《かねびつ》もあった。もっと小さい整理箪笥には、女性用のおしろいや口紅、それに黒い髪油を収める引き出しがついていた。

ハルモニは虎皮の敷物に座って、自分の一番上等な絹の上着に付ける衿の刺繍を仕上げていた。韓国では、女の髪を結いあげる黒い髪油はシミになるので、外套の衿は頻繁に替える必要があった。

「一番上の真鍮の蝶番には手が届かないよ、ハルモニ。この金櫃はすごく背が高すぎるよ」とヨンドが文句を言った。

「少しのお金をしまっておくだけでも、大きな金櫃がいるのよ。金櫃は、人が隠れることができるくらい大きくなければいけないのよ。むかしのお話に出てくる暗行御使《アメンオサ》は、そういう金櫃の中に隠れたために、すごく恐ろしい目にあったのよ」

「そのお話は、今までしてもらったことがないわ、ハルモニ」と期待を込めて、オクジャが言った。「箪笥磨きを続けなさい。そうすればしてあげるわ。それは、沈《シム》のお話よ。

シムは、自分が治めている地方の貧しい人たちから「上前をはねる」のをやめようとしなかったの。良い王さまや大臣は、お前たちのハラボジと同じように、人の上前をはねる人間は好きではないものよ。

むかしこの国には、そういう良い王さまがいたわ。それに良い大臣もね。ところが、あまり賢くない大臣が、自分のいとこのシムを県監にしてしまったの。ところが大臣のいとこのシムは利口だったわ。それも飛び抜けて利口だったのよ。

その大臣は、真っ白な馬を持っていたの。でも大臣は、それに満足していなかったの。黒い馬が欲しくてたまらない時に、それを献上したのがシムだったの。シムは灰色の馬を見つけて、その馬の体中を黒く塗ったの。体中の毛に黒く光る漆を塗ってブラシをかけたから、その馬は黒い漆の箱のように輝いたわ。輝くような黒い馬を贈られた褒美に、大臣はシムに地方を一つ与えて治めさせたのよ。

「いろんな税をこしらえてやろう」

この新任の県監はそうつぶやいたの。「めいっぱい上前をはねて、大金持ちになってやるぞ」

そして上前をはねればはねるほど、シムは裕福になっていったわ。すばらしい家を手に入れたし、男が八人で担ぐ立派な輿も手に入れたのよ。それに、男四人が先導する一輪車付きの輿に座って、街の通りを見回りするのも好きだったわ。シムがこの一輪の輿に乗ってやって来るのは見ものだったわ。小さな車付きの高い台座に座ったシムは、たいそう立派に見えたわ。通行人は、あわてて
シムに道を譲ったの。シムが通れば、旅人も馬から降りてお辞儀をしたわ。一輪車付きの輿に乗るくらいだから、さぞかし偉いお役人に違いないと、みんな考えたのよ。

シムが、大いに上前をはねてはどんどん裕福になったので、その噂は王さまの耳にも届いたの。「県監のシムについて調べよ」と王さまは配下に命じたの。「尹《ユン》をその地方に派遣して、シムが貧しい者たちの上前をはねている真相を持って帰らせるのだ」

ところがシムには王宮に仲間がいて、王さまが最初の御使《オサ》としてユンを送ることを知らせてくれたのよ。「ユンは正直な男だ」シムに密告した仲間はそう言ったの。「お前が上前をはねた中からいくらか渡したところで、ユンを追い返すことはできんよ。けれども、あいつは臆病なやつだから、のろまな牝馬に乗って来るだろう。牝馬は乳離れのすまない子馬を連れている」

利口なシムは、王さまに御使のユンの頭がおかしくなったと思わせるような手を、たちどころに思いついたの。シムの家来にユンの子馬を盗ませて、子馬に虎の皮をかぶせたのよ。そうして、御使のユンが通るはずの道のそばに、子馬を隠したの。そして、背中にユンを乗せた牝馬がやって来ると、シムの手先は虎皮をかぶせた子馬を放したのよ。子馬に虎の頭をかぶせて、尻尾には竹の芯を入れて反り返るようにしてあったのよ。

子馬は母親の牝馬に向かっていったけど、牝馬には虎皮の匂いしかしない。そして驚いた牝馬は、尻尾を巻いてソウルに向かって駆け出したの。小さな道や大通りを抜けて、ユンを乗せた牝馬は王宮の中に逃げ帰ったの。

ユンは怖がる牝馬の背中にしがみつき、子馬は母馬の後ろについて走ったの。みんなはこの奇妙な獣から逃げ惑ったけれど、しまいに子馬は牝馬の乳を飲みはじめたのよ。牝馬が虎に乳をやっているのを見て、みんな大笑いしはじめたの。王さまは、このいたずらはユンが自分で仕組んだのだと思い、済州島という寂しい島に流刑にしたの。

ソウル目指して逃げ帰る牝馬

そして王さまは「今度は舜《スン》を派遣しろ、あいつはユンのように愚かではない」と次の命令を出したの。けれどもシムは、すぐに自分の悪行を王さまに報告するために二人目の御使が来るという知らせを受けたわ。この御使のスンは臆病ではなかったし、スンの白い牝馬には子馬はいなかったわ。けれども、スンは酒と妓生の歌が大好きだったの。

そこでシムは、その地方で最高の妓生を宿という宿に置いておいたのよ。妓生たちは御使の盃に酒を何度も何度も注いだの。楽しい歌と優雅な踊りで楽しませて、できるかぎり御使の旅を遅らせたのよ。御使が一番良い宿に着いた時、シムは、今までで一番手の込んだ罠をスンに仕掛けたの。

その宿には豪華な食事が用意されていて、宿の主の美しい妻が自ら酒を注いでスンを楽しませたの。そして若い妻はスンにこう警告したの。

「あなた様がただ一つ気をつけなければいけないのは、私の主人です。私の主人はたいそう嫉妬深いのです。あの人が帰ってきて、まだあなた様が私といっしょにおられることに気づいたら、うまくお隠れになってください」

いよいよ宿の主《あるじ》の足音が聞こえて来た時、御使のスンは大きな金櫃の中に自分でもぐり込んだの。お前たちが磨いているような大きな箪笥にね。宿の主の妻は真鍮の大きな錠前をかけて、鍵を鍵穴にしっかりと挿し込んだのよ。

宿の主も自分の芝居をうまく演じたの。主は怒っているふりをして、箱の中からその不機嫌なせりふを聞いた御使のスンは震えあがったわ。「旅の客はどこだ」主人は妻を叱りつけたの。「あいつの白い牝馬が外にいるじゃないか。隠しているのはわかっているぞ。もうお前はこの家の嫁ではないぞ」

「別れるというなら、二人の持ち物を二つにわけましょう」と妻もまた、怒ったふりをしてそう言ったの。二人は、言い合いを続けながら、この金櫃以外の持ち物を二つに分けていったの。金櫃だけはお互いに譲らずに自分のものだと主張したのよ。そしてとうとう、金櫃の中に閉じ込められているスンはこんな恐ろしい言葉を聞いたのよ。

「よし、それなら金櫃をノコギリで二つに切り分けよう」

「ノコギリで切るには、金櫃の細工が見事すぎるわ」妻はそう言って反対したのよ。「裁判で決めましょう」

御使のスンは、ノコギリで引かれて死なずにすんで、ほっとしたの。でも、もしも裁判の場で金櫃が開けられれば、罰として叩かれることは免れない。

さて、裁判官の役の県監のシムは、「この訴えを公正に裁くことはできない。お前たちに二百貫を払ってやるから、金櫃は置いていけ」と言ったの。宿の主と妻は、とても上手にお芝居の役を演じたので、褒美をたくさんもらって家に帰ったわ。

シムはその金櫃を天秤棒に吊るして王さまのところに運ぶことにして、スンに聞こえるような大声でこう言ったの。「中で鬼神がさわぐような音がしたら、この金櫃は川に落としてしまえ」金櫃の中で縮みあがったかわいそうなスンは、金櫃が王さまと家臣の前に降ろされるまで、コトリとも音をたてずにいたの。

「金櫃が開けられて、かわいそうなスンが転がり出てきた時の大臣たちの笑いようと言ったらなかったわ。長いあいだ金櫃に入ったままだったので、スンの両脚はすっかり痺れてしまって、亀のように四つ足で這うことしかできなかったわ。

「またいたずらか」怒った王さまはそう叫んで、二人目の御使のスンもまた済州島に送ったのよ。

それからまた「三人目の御使、権《コン》が行くぞ」と宮廷のシムの友だちが手紙を寄こしたの。「コンは酒は一滴も飲まないし、妓生の歌よりも寺の鐘のほうを好む。臆病でもない。頭を丸めた僧侶だけを畏れ敬っている男だ」

利口なシムがこの男に仕掛けるいたずらを考えるのに、そんなに時間はかからなかったわ。シムは、お前とオクジャのように、山の神のチャンギを見物するうちに居眠りしてしまい、そのまま三十年経った木こりの話をよく知っていたのよ。三人目の御使のコンを追い払うために、スンはそのお話を利用することにしたの。

コンが道のりの半分くらいのところの宿に着くと、聴き慣れないお寺の音楽が山の上から聴こえてきたのよ。「あれは、聖なる山に神様が集まって来ているのです」と県監のシムの命令通りに、宿の主がそう言ったの。「千年に一度だけ、ああやってあそこに集まるのです。善良な人たちだけが、あそこに行って神様たちに会えるのです。

敬虔な信者のコンは興奮で身が震えたわ。

「私はその寺に参ります。私は偉大な仏陀の信者です。おそらく神様たちは私を受け入れてくださるでしょう」

そうして、コンは山にのぼっていったのよ。シムが仕組んだ通りにね。木立の中の小さな谷間に、まるで舎廊房の掛け軸の山の神のように、長い布の服を着た四人の老人がいたの。やはり見慣れない服を着た少年も四人いて、老人たちに給仕して、酒を注いでまわっていたのよ。山の神にすすめられて、コンは四人の椀の酒を飲んだのよ。高価な酒は強くて、コンはぐっすりと眠ってしまったわ。

コンが目を覚ます前に、シムの配下たちはコンをぼろぼろの服に着替えさせたの。杖を朽ちかけた棒と取り替えて、配下たちはコンを高い山の上まで運んだの。

次の朝になって我に返ったコンは、最初は神に連れられて天国に来ているのかと思ったのよ。でもすぐにそうではないと気づいて、もういちど山を下りはじめたの。まるで偶然のように、一人の男が薪を集めながら山道を上ってきたのよ。「お教えください、親切なお方よ」あわれなコンはその男にたずねたの。「王さまの使いで、昨日は宿にいたコンのことを何かお聞きではありませんか」

「そういう人がいましたね。聞いたことがありますよ」木こりはそう答えたの。「けれど、その人は二百年前に神様にさらわれたという話ですよ」

すっかり惑わせられたコンは「あの天の酒のせいで眠ってしまったにちがいない」と独り言を言ったの。「二百年も眠ってしまったのか。道理で服がぼろぼろのはずだし、杖も朽ちているはずだ。王家の紋章がこんなに錆びてしまっているのも道理だ」

落胆して首を振りながら宿に帰ったコンは、そこでも同じ話を聞いたのよ。宿の主は穴のあいていない真新しい服を出してきてくれたの。宿の主は、コンを家まで乗せて帰る輿と担ぎ手を手配してくれたわ。コンが驚いたことには、自分の家族は旅に出た時と何も変わらない姿だったのよ。王さまも大臣たちも、同じように何も変わっていなかったの。

驚いたコンは、大きな声で王さまに「二百年も経ったのに、何もお変わりないのですね」と言ったのよ。神様たちと酒を飲んで酔ってしまったのだとコンが話した時には、みんなはコンは気が狂ったのだと決めつけたの。コンもまた、先の二人の御使と同じように、はるか南の済州島に送られたわ。

「上前をはねるのが上手なシムは、それからどうなったの、ハルモニ」

翼を広げたコウモリの形をした真鍮飾りを磨きながら、ヨンドがそうたずねた。

王さまはシムが上前をはねるのをやめさせるのを諦めたのよ。「あいつは利口すぎて捕《つか》まえられんな」王さまは大臣にそう言ったの。「あいつは王宮に呼び戻したほうがよさそうだ。王宮の門で恩恵を求めて騒ぐ国民をなだめる役目をさせることができるではないか」

「こうして、シムは得意の計略を使って、そういう厄介者がお互いにけんかするように仕向けたのよ。厄介者たちは、王さまに不平を言うことも忘れて、自分たち同士でけんかをしたの。シムは王さまの財務の責任者になったという話もあるわ。シムは、貧乏な人たちを苦しめずに好きなだけ上前をはねる方法を知っていたからね。


【解説】

悪知恵を働かせて両班社会を上手に渡り歩いたトリックスターの話です。世渡り上手で知恵の働く沈《シム》は、三度にわたって王の送った暗行御使を欺き、都に送り返しますが、その三つ目のエピソードには、すでにハルモニが語った「木こりと山神（ＫＴ３００）」が、そして二つ目のエピソードにも、「恥をかいた郡守（ＫＴ５７１）」というよく知られた昔話が挟み込まれています。

朝鮮王朝の社会では、中央から地方に派遣される守令（地方官吏）は、①農業の振興、②人口の増加、③学校の振興、④軍務と政務の遂行、⑤公平な課税、⑥裁判の迅速な処理、⑦悪人の取締りという「守令七事」を任務としていましたが、実際には「短い任期の中で蓄財すること」が急務であったので、過酷な為政者が多く、この七事が守られることは稀でした。

その悪弊を糾すために王は秘密裏に暗行御使という特使を送ったことは、よく知られています。暗行御使は、『春香伝』の李夢龍や昔話「子どもから学んだ知恵（ＫＴ６５８）」の朴文秀のようなヒーローを生みましたが、実際の暗行御使は下級官吏の職で、潜行行動の悲哀がかさみ、この話のように悪知恵の働く地方官に翻弄されて割を食うことも多かったと推測されます。

29　虎撃ちと鏡

オクジャは、おばあさんの部屋にある大切なものを収めた箪笥の引き出しから、明るく光る鏡を持ち出して、そこに映る自分の姿に見とれていた。少女は、その銀の円盤はまるで満月みたいに輝いていると思った。そして、その裏に彫られた優雅な竹と、平たくて短い柄の赤い絹の刺繍が好きだった。

「誰に挨拶しているんだい」笑いながらおばあさんがたずねた。ハルモニには、鏡に映った自分の顔に見入る子どもの表情がおもしろかった。

そして、オクジャは「誰かと思ったら私よね、ハルモニ」と驚いたようすで答えた。

「なんだか、お前は虎撃ちの弼《ピル》みたいだよ。ピルはね、王さまからいただいた鏡の秘密を初めは知らなかったのよ」

「どうして王さまは虎撃ちのピルに鏡をあげたの、ハルモニ」

王国じゅうを恐怖に突き落とした獰猛《どうもう》な虎をピルが殺したからだよ。この虎の大将はふつうの虎じゃなかったの。白い髭はお前の手くらいの長さくらいあって、濃い体の毛は上等の絹のように柔らかでね、その歯は私の縫い針みたいに鋭かった。そして、あごは大人の男をくわえて運べるくらい大きかったのよ。

王さまの使者が来たときは、ピルの屋敷は大騒ぎになったの。使者が身につけた上等の羽毛の帽子や明るい赤と緑の上着は、そのあたりでは目にすることがなかったからね。

運ばれてきた大きな箪笥の中には、恐ろしい虎を殺した猟師への高価な贈り物が入っていたの。若い稲のような緑、唐辛子のような赤、空のような青といった色とりどりの絹があったわ。扇子が何本もと、彫刻のついた銀の椀と、揃いの長いキセルなど、ほかにもたくさんの物が入っていたの。けれども、その中でいちばん珍しかったのは銀の鏡よ。今お前が手に持っているようなね、オクジャ。

さて、ピルはそんなにも経験豊かな猟師なのに、素朴な男だったのよ。ピルの家族も同じく田舎者だったわ。街のことなど、誰も何一つ知らなかったのよ。ピルが王さまからいただいた白く輝く金属の円盤など、誰も見たことがなかったの。

まず最初に、ピルの妻が曇りのない銀の鏡に顔を近づけて見たのよ。

妻はすぐに大声をあげたの。

「アイゴー、なんてことなの」と鏡の中の自分の顔を見て泣き出したのよ。「これは私の代わりにするつもりで主人が連れてきた二人目のお嫁さんね。そうでなければ妓生《キーセン》だわ。それならもっと悪い。この女が誰であれ家には入れたりするものか」

もちろん、鏡など今まで持ったことがなかったから、この女は自分の顔を一度も見たことがなかったの。家族の洗濯をする時に、川の水に映る自分の顔を見るだけだったからね。

妻の泣き声を聞いて、何事かと思ったピルが走って来たわ。ピルもまた、穴があくほど鏡を見つめたの。当然だけれど、そこに見えたのは男の顔だったわ。ピルもやはりものすごく怒って、叫びはじめたのよ。「こいつは誰だ。妻が内房に知らない男を隠していたんだな」とつかみかからんばかりの勢いで妻に向かって言ったのよ。

この騒動を聞きつけて、年取った母親が確かめにやって来たの。その魔法のような銀の鏡の中に母親が見たのは、もちろん、シミだらけで白髪の顔だったわ。その顔は、いつも食べ物を借りに来る厄介な近所の女にそっくりだったのよ。

母親は声をひそめて「おやおや、道をうろつくあの乞食じゃないかい」と言ったわ。振り返っても誰もいなかったけれど、それがなぜなのか猟師の母親にはわからなかったのよ。

今度はおじいさんの番になり、鏡の中に見た顔は、墓の場所を決めて代金を取りに来た占師（風水師）のじいさんだと言ったのよ。「どうやってこのパンス（占師）は、誰にも咎められずに、うちに入って来たんだろう。そして、今はどこに行ったんだ」

おじいさんは、まわりを見回しながら叫ぶと、走って行って入り口を確かめたのよ。

虎撃ちのピルの家には不思議な物があるという話は村じゅうに広まったの。近所の人たちが集まってきては謎を解こうとしたけれど、誰にもわからなかったわ。どの人も、見知らぬ顔が鏡に現れるので、ああだこうだと激論になったのよ。

村の裁判官でさえその銀の円盤のことが理解できなかったわ。自分と同じ裁判官の帽子をかぶった男が現れて、自分をじっと見つめている。「どうして別の裁判官がソウルから派遣されて来てるんだ。わしでは足りないというのか。虎撃ちどもを呼べ、このおかしな裁判官をこの静かな村から追い出させるのだ」と大声で文句を言いはじめたの。

幸いなことに、王さまの使者たちはまだ王宮に戻らずに村にいたのよ。王さまからの贈り物の鏡が起こした騒動を知って、使者たちがどんなに大笑いしたことか。

「ハ、ハ、ハ」自分のこっけいさに、ピルがいちばん大笑いしたわ。ピルの妻は、同じ家の中で二人目の女に嫉妬する理由がなくなったので、「ホ、ホ、ホ」と嬉しくて大声をあげたのよ。村の全員が鏡の中の自分の姿を見るたびに「ワッハッハ」と腹を抱えたのよ。というのは、今ではどの家も、ピルの鏡と同じすばらしい「のぞき眼鏡」を一つは持ちたくなったからよ。そして、虎撃ちのピルは、村のみんなに選ばれて、すばらしい馬に乗って王さまのいる街まで鏡を買いに行く役目になったのよ。

【解説】

世界各地に広く分布し、日本でも古典落語「松山鏡」などで親しまれてきた話です。

古代インドの民間説話を集めた仏典『百喩経』に「宝篋の鏡の喩」があり、これが五世紀末には漢訳されて中国に伝えられています。この話が中国から朝鮮半島を経て日本に伝えられたと考えられています。

韓国では、『百喩経』などの仏典のほかに、朝鮮王朝顕宗時代の文人・洪萬宗の笑話集『蓂葉志諧』(一六七八)に収められた「夫妻訟鏡」などの話があり、野談として両班たちの間で広く読まれ、庶民たちにも広まったものと思われます。

日本の場合にも、鎌倉時代初期の仏教説話集『宝物集《ほうぶつしゅう》』に見られ、さらに時代が下ると、謡曲「松山鏡」や狂言「土産の鏡」が演じられるようになりました。

いずれの場合も、鏡がたいへん高価で貴重なものであった時代の話が、近世に入って鏡が一般的な生活用具になった時に、庶民の笑いを誘う江戸小咄や笑話本に取り入れられ、さらに口承の笑話となって広く語られるようになったものと推測されます。

30　オンドリとムカデ

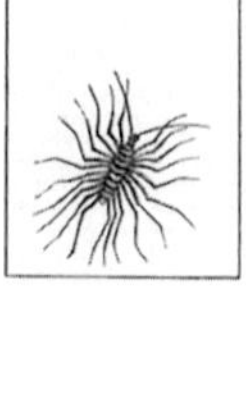

内棟《アンチェ》のマル(板の間)の奥には、鮮やかな色彩で描かれた勇猛なオンドリの額がかけられていた。

「オンドリはムカデを追い払ってくれるのよ」

ハルモニは、よく子どもたちにそう話したのだった。

「それでも、ムカデには気をつけていなければいけないわ」

おばあさんはいつもそうつけ加えるのだった。

内棟で暮らす者たちは、あの体が長くて這う虫、たくさんの足を船の櫓のように動かす生き物を恐れていた。ヨンドがそれを手でつかんだ時に、内棟のみんなが憶えていた。ヨンドは危うくムカデの毒にやられて、遠いあの世に送られてしまうところだったのだ。

「あの時のムカデの長さは、ぼくの手の二倍はあったよ」とヨンドは友だちにそう話した。「ぼくの手と腕は、すごく腫れたんだ。巫堂《ムーダン》がおまじないをかけてくれるまで、痛みが消えなかったんだ」

ハルモニはムーダンの一挙手一投足をじっと見ていた。その呪術師は、ヨンドの体に入り込んだ毒の鬼神に向かって、踊りを踊って叫び声をあげた。けれどもハルモニは、自分が布を酒に浸してムカデの噛み傷に当ててやったのがよく効いたのだと考えていた。

「どうしてムカデはオンドリを怖がるの、ハルモニ」

ある日の午後、オクジャはそうたずねた。

「もちろん、オンドリの鋭いくちばしのせいよ。それにね、オンドリとムカデは、もうかれこれ一万年も宿敵同士なのよ。それについては、いろいろお話があるわ」

「いま、そのうちの一つでも思い出せますか」小さなオクジャは待ちきれない様子でそう聞いた。

「若い男とムカデだった女のお話なら覚えているわよ。それはね、とても奇妙な出来事だったの。

何百年も前のことで、多分私たちのソウルの街のすぐ近くのお話よ」

その男はある家の出で、朱《チュ》という名前だったわ。若くて、礼儀正しくて、絹商人の大店の使用人をして暮らしていたのよ。大通りに立って、通りかかる人たちにとても礼儀正しく声をかけるものだから、その絹の店には、チュに誘われるままにお客がおおぜい入ったものよ。

「絹をお求めになりませんか、上等な絹ですよ。この店にしかない良い絹ですよ」

ある日、チュが大声でこう言っている時、裕福な未亡人の下女が通りかかったの。チュに強くすすめられたその下女は、店にある一番上等の絹を買って、帯につけていた刺繍のある巾着袋の中からまばゆい金貨を出して代金を払ったのよ。

何日も経たないうちに、その下女がもう一度絹屋の通りにやって来たの。別の店の若い男たちから店に入るよう乞われても、下女はチュを待ったのよ。そうして下女はまたたくさん買い込んだの。三度、四度と、下女は店に来たの。絹商人は喜び、チュにはいい稼ぎになったわ。

ある日の午後、未亡人の下女は、いっしょに家に来てほしいと丁重にチュに頼んだのよ。下女の女主人が、屏風に仕立てる特別な絹を買いたいので、その相談をしたいというのよ。さて、このご婦人は未亡人で、チュは男やもめだった。というのは、チュの若い妻は疱瘡の神が家に入ってきた時に死んでしまったの。未亡人もチュもどちらも若かったし、二人とも美男美女だったから、そのうちその未亡人とチュが結婚しても不思議じゃなかったわ。

こうして、チュは未亡人の豪華な家に行き、そこでいっしょに暮らしたのよ。

何もかもうまく行っていたわ。チュは幸せだった。自分の新しい妻になった女がそんなに優しくて楽しい女だとは、チュは思いもしなかったの。絹の素晴らしいトルマギもあるし、毎日の食事は秋夕《チュソク》の時のように豪華だった。

チュがたまに人前に姿を見せる時には、たいてい家のそばの「ニワトリ橋」を渡ったの。ある午後、チュがその橋の上を通ると、自分の名前を呼ぶ声が聞こえたのよ。

「チュ、チュ、私の息子よ」その声はそう言ったの。「私はお前の父親だ。父親がお前の危険を知らせようとしているのだ。お前の家にいるあの人は、そうあの女はお前を不幸にするぞ。退治してしまわないといけない。お前の足元をムカデが這っていたら、踏み潰すのだ」

「自分の美しい妻をどうして殺せましょう」チュは、橋の下から聞こえてくる声にそう返事したのよ。「良い妻なのです。優しい女ですよ。私には幸運ばかりもたらしてくれたのです。妻を傷つけることなんて、絶対にできません」

そうして、チュはそのまま歩いて行ってしまったの。

チュが次にニワトリ橋を渡った時、父親のあの声がまた聞こえた。「一緒に暮らすあの女を殺すのだ、息子よ。これは、お前の父親の霊の命令だ。あいつは女の姿をした魔物だぞ。十五日のうちにあの女が死ななければ、お前自身の魂が風に乗って、わしがいる遠い彼岸に来ることになるのだぞ」

さて、チュは困ってしまったわ。この恐ろしい命令の声は父親にそっくりだったの。チュは、両親の言うことには必ず従う良い息子だったのよ。けれども、良い妻が与えてくれた慰めや優しさを考えると、とても妻を殺したりはできないと思ったのよ。

チュの心はとても重苦しかった。十五日目の朝が来て、時間は刻一刻と過ぎて行ったわ。夕方になって、チュは内房《アンバン》に行ったの。妻の態度はいつもと違っていたわ。床の柔らかい敷物の上にただじっと座ったきりで、夢を見ているかのようだったの。

チュが黙ってじっと見ていると、妻の顔色はまず死人のように白くなって、それから薄い緑色に変わったのよ。女は唸り声をあげてブルブル震えだしたの。チュは呪文をかけられて金縛りにあったようだったわ。妻に手を触れることも、名前を呼ぶこともできなかったの。魔法をかけられた妻を、ただ見ていることしかできなかったのよ。けれども、その症状はしまいに妻の顔から消えたのよ。妻の顔色が戻って、チュは心から嬉しかったわ。妻は目を開けて話しだしたのよ。

「どうして私を殺さなかったのですか。橋の下の声があなたにそう命令したというのに」

「おかしなことを言うではないか。それはどういう意味なのだ」チュは、妻にそうたずねたのよ。

「橋の下の声のことを、どうして知っているのだ」

「橋の下のおかしな出来事の真相がおわかりになるように、真実を覆い隠している障子紙を剥がしてさしあげましょう」チュの妻はそう言ったのよ。

「不思議なお話ですけれど、すばらしい結末になりました。あなた様の優しさと誠実さが私を恐ろしい監獄から助け出してくれたのです」

「若い頃に犯したいくつかの過ちのせいで、私は玉皇大帝に罰せられたということをお話しなければなりません。大帝は私を女の身からムカデに変えて、大きなオンドリが私を苦しめるようになさったのです。一生、また一生と過ぎるたびに、あのオンドリはずっと私につきまとってきたのです。そうして千年経って、ようやく私は元の女の姿に戻るお許しを、大帝からいただいたのです。けれども、それでもまだオンドリは私を追ってきました」

「一度私が女の姿に戻ってしまえば、私は強くて大きすぎるので、オンドリは自分の力で私を殺すことができません。オンドリは、誰かをそそのかしておそろしい役を演じさせようとしたのです。あなたがお聞きになったのは、お父様のふりをしたオンドリの声でした。そして、あなたが良い心をお持ちだったおかげで、偽りの命令に従わずに済んだのです」

「今日この日をもって、私を殺すためにオンドリに与えられていた日が終わったのです。私の魂は、今晩あなた様が内房《アンバン》においでになった時からオンドリの霊と戦っていたのです。ご覧のとおり、私はその戦いに勝ったのですよ。やっと、私はあのオンドリから自由になりました。これからはずっといつまでも、私は人間の女で、あなた様の妻でいられます。私たちはこれからずっと静かに暮らせます」

　次の日の朝、ニワトリ橋まで来たチュは、四つん這いになって、あの不思議な声が聞こえてきた場所を覗き込んだの。橋の下には、ものすごく大きな白いオンドリがいたの。たいそう年を取って、ヨンドくらいの背丈があったのよ。そのオンドリは死んでいたわ。完全に死んでいたから、チュの妻は、もう決してオンドリを怖れる必要がなくなったの。けれども、今でもオンドリとムカデが出会うと、オンドリはきっとムカデを攻撃しようとするのよ。

【解説】

この話は、二つの構成要素から出来上がっています。一つは、朱《チュ》という妻を失いながらも正直に働く絹織物屋の手代が、不思議な屋敷に暮らす未亡人に見込まれて、結ばれ、幸せに暮らしながら、外出時に橋の上で父親を名乗る不思議な声を聞き「女の正体がムカデであるから、殺すように」と迫られるという件《くだり》です。

この不思議な屋敷での美しい女との幸せな暮らしは、よく知られた「見るなの座敷」の場合のような異郷訪問譚とよく似ています。男が山中の異界で見事な屋敷に住む美しい女と出会い、幸せに暮らしますが、試練が訪れるのです。「見るなの座敷」の場合は男が「覗いてはいけない」と禁じられた座敷を、誘惑に屈して覗き見て女の秘密を知り、全てを失います。

この話に登場する不思議な屋敷は、山中ではなく都の一角にありますが、屋敷は橋によって日常世界と分かたれ、主人公は橋を渡って日常世界に向うときに不思議な声の試練によって、危機に直面します。

この話のもう一つの構成要素は、朱の妻であるムカデとオンドリの戦いです。

この話の場合は、実はムカデは天の女で玉皇大帝の怒りをかい地上に降ろされ、千年の間ムカデとして過ごすという試練にたえ、精進しなければならないのに、オンドリは、その天女の精進を妨害するために玉皇大帝から遣わされたことになっています。

この話の場合は、主人公のおかげで千年の刑を果たしたムカデは、天に帰ることはなく主人公と地上で暮しつづけますが、この「ムカデの雌伏千年」のモチーフの背後には「年を経た異類（青大将やムカデなど）は龍となって昇天する」という韓国の民間信仰が存在します。事実、この話の類話（KT130）の多くでは「ムカデが青大将と〈龍になって昇天すること〉を競い、主人公の援助でムカデが青大将を倒して昇天し、若者はその謝礼として広大な土地などを与えられて幸せに暮らす」ことになっています。

韓国昔話には、この話のほかにも「千年地上にとどまった〈イムギ〉と呼ばれる蛇が龍として昇天する」話が数多く存在します。

31　花散る岩

「どうして皇帝陛下はあんな〈矮人《ウェノム》〉を私たちの国に入れさせたのかしら。いいことは何もないだろうに」ハルモニは白髪の頭を横に振り、眉間に寄せたしわは穏やかな顔を曇らせた。釜山《プサン》の

港から帰ったばかりの長男の金弘集が、港で日本人を大勢見たという話を母親にしていたのだ。日本人を見分けるのはそうむずかしくはない。日本人も韓国人と同じように目が細くて頬骨が張っていた。けれども、同じような肌の色をしていても、日本人のほうが色は濃く、それに背はそれほど高くはなかった。

皇帝が「平和条約」(日朝修好条規、一八七六年)に署名して、この隠者の王国と日本との貿易を許可してから、「矮人」は続々と、毎年韓国にやって来た。ヨンドの父親は、ソウルの大通りを歩く者のうちどれが日本人なのかを当ててみせた。ヨンドは、興味半分、怖さ半分でその相手を眺めた。ハルモニは、自分たちの国を征服しようとして日本の水軍が海を渡ってきた、昔の恐ろしい出来事のことを子どもたちに話した。人が殺されたり、街が焼かれたりする話だった。

ヨンドにとって一番恐ろしかったのは、やってきた日本の兵士たちが国に戻る時に、何千もの韓国人の鼻や耳を持って帰ったという話だった。ハルモニの話では、京都には、その時の韓国人の鼻や耳が祀られた墓があり、その恐ろしい所業を得意気に自慢する碑まで建っているのだ。

「私たちの小さな王国は、クジラの群れの中の小海老のようなものなのよ。中国というすごく大きなクジラは、何度も私たちを飲み込もうとしたわ。けれども、中国を兄とするような友好関係を築いたので、中国は日本のようなほかのクジラから私たちを守ってくれたのよ。日本という島国は、海の向こうの西欧から来た人たちから強力な魔法を習ったのよ。それで日本の力がとても強くなったの。そうよ、日本は東の世界を征服しようとしたのよ。日本は、私たちのこの小さな国を、中国という強大な敵を倒すための足がかりにしたのよ」

ハルモニは、何度も何度もこう繰り返した。

「ひどい話ね、私たちの亀甲船がいつも日本の軍艦を追い返せるわけじゃないのよ」

ハルモニは首を上下に振りながら、力を込めて語るのだった。李舜臣《イスンシン》提督と彼の亀の形をした軍艦の話は、ヨンドが好きなお話のひとつだった。そして、それは本当にあった話だった。

お前が生まれる三百年くらい前のことよ、ヨンド。ハルモニはヨンドによくこう言った。

日本の水軍がまた港を出たのよ。兵士を何千人も乗せて、海を越えて私たちを攻撃しに来たの。でも、この時は思いがけない物が日本の船団を待っていたわ。

韓国の海岸で待ち構えていたのは、日本人が今まで見たことがない一隻の大きな船だったの。大きな亀のような形をしていて、するどく突き出た竜頭からは炎を噴き出したのよ。鉄砲が、船側の櫓穴の上の砲眼からも火を吹いたわ。

今までになかったのは、亀みたいに丸くなったその船の背中を厚い鉄板で覆っていたことよ。日本人が撃った弾は、この装甲板に跳ね返されて海に落ちたわ。誰も、この亀甲船を破壊することはできなかったわ。日本の兵士や乗組員たちは、これはきっと鬼神の船にちがいないと思ったのよ。

亀甲船が放った銃弾が甲板に落ちると、日本の木造の軍船はすぐに燃え上がったの。亀甲船の突き出た竜頭は、日本の軍船の横っ腹に穴を開けたわ。じきに相手の船団は全滅したのよ。それで、山の上で狼煙《のろし》を上げて、敵をふたたび撃退したことを王さまに伝えたの。

おばあさんは、いちばん最初に造られた亀甲船のことを話していた。その船を造った韓国の賢い提督・李舜臣の名は、王国中で称えられた。この亀甲船がもっとたくさん造られなかったのは不思議だが、「静かな朝の国（朝鮮）」の平和を好む人たちは、自分たちの勝利に満足していたのだった。

「必要とあらば、亀甲船はいつでももっと造れるさ」と言うのだった。日本人は、これを恐れて、もう二度とやって来ないと考えたのだった。

オクジャがお気に入りの戦争の話もまた、日本をやっつけた話だった。それは、ノンゲ（論介）という若い妓生《キーセン》が、悪辣な日本の大将にうまく取り入って、もろともに深い川（南江）に身を投じて国を救った話だった。

「でも、それは亀甲船の登場（一五九二年五月）より前のお話よ」

ハルモニはそう教えた。

陸の上で大きな戦いがあった時よ。日本の小人たち（倭人）は一万の兵士を連れて一万回もやって来たわ。斧や長刀、短剣や槍を持っていて、私たちの国を歩き回っては人々を殺し、家を壊したの。

ひどい時代だったわ。虎撃ちや義兵が勇敢に戦ったけれど、力が足りなかった。韓国には、どこを探しても日本軍を率いた大将のように恐ろしい武人はいなかったの。

「あの大将さえ殺してしまえば、私たちの運命が変わるのに」国中の人たちがそう言っていたわ。まるで日本の大将が獰猛な虎だというように、虎撃ちは罠を仕掛けたけれど、大将はとても用心深かったの。巫堂《ムーダン》が大声をふりしぼって祈りを捧げ、判数《パンス》が攻撃を決行するのにいちばん良い日を選んだわ。けれども、成功しなかったのよ。

日本の大将とサムライたちは、西に向かって晋州《チンジュ》の小さな町を攻めて、国全体を征服してしまおうとしたの。城壁が二重だったのに、日本軍は町に侵入したわ。彼らは晋州の城を護ろうとした韓国の大将を殺し、県監や役人の首を刎《は》ねたわ。義勇兵や虎撃ちたちはちりぢりに逃げて、高い山の中に身を隠したのよ。

日本の大将が「ここらでひと休みしよう」とサムライに言ったわ。「この美しい谷は、勝利を祝うにふさわしい場所はないか」

晋州は、そこから南江が深く広がっていく、美しく輝く流れにそってできた町なのよ。川のほとりにある岩から眺めると、大きな魚が水晶のように澄んだ水の中を泳いでいるのが見えたわ。日本の大将は、その川のほとりの矗石楼《ちくせき》を酒盛りの場所に選んだのよ。

そこには「矮人」が私たちの国に勝ったという祝宴の大騒ぎが響いたわ。飲んだり歌ったりしたのよ。笑い声や叫び声も聞くえたわ。

酒盛りも最高潮に達した時、妓生の衣裳をつけた一人の娘が矗石楼の入り口に現れたの。その娘は、星空に浮かぶ銀色の月のように美しかったわ。日本の大将は、そんなに優雅で洗練された女に会ったのは初めてだったの。

「どうしてここにいるのだ」と大将はその妓生に言ったの。

「お前の国の敵の俺たちを恐れないとは、大したものだな。男たちはみな逃げてしまって、山に隠れてしまって、お前を守ってくれる者は一人もいないぞ」

「偉大な将軍さまに、このチンジュの町の県監を成敗してくださったお礼を申し上げに参ったのです」と妓生は言ったの。

「私は妓生の論介《ノンゲ》と申します。私の父上は正しい方でしたが、近所の者が誤った訴えを起したのでございます。無慈悲な県監はお父様を叩くように命じて、父が死ぬまで叩いたのでございます。私は、父のかたきを討つのを助けてくれる方にならどんなお礼でもしようと誓ったのです。あなた様はあの県監の首を刎ねてくださいました。それで、私はお礼を申し上げに参ったのです。あなた様のためにすばらしい踊りを踊りましょう。すばらしく甘い歌も歌いましょう」

　大将は美しいノンゲを自分の横に座らせて、食事と酒も持ってこさせたの。ノンゲの歌に大いに喜んだ大将は、いっしょに踊ろうと言ったのよ。

「川の堤に平らな岩がございます」妓生のノンゲは大将にこう言ったのよ。「そこの空気は涼しく澄んでいて、緑の谷の下までずっとずっと見渡せますわ。その堤に参りましょう。そこで舞って差し上げます」

　優雅で洗練された妓生に魅せられた大将は、妓生に連れられて川のほとりまで下り、堤に沿って並ぶ奇岩の間を越えて行ったの。ノンゲは、大将を南江に向かって高く突き出す大きな平たい岩の上に案内したの。そうして、その岩の上に大将を座らせて、籠に入れて持ってきた酒と食事をすすめたのよ。

そうしてノンゲは舞いはじめたの。明るい色の長い柔らかな袖が風に舞い、優雅な姿は夏の風になびく一輪の花のようだったわ。大将はすっかり酔ってしまい、ノンゲの歌に合わせて身体を動かしていたけれど、そのうちノンゲと踊ろうとして立ち上がったの。

ノンゲはその時を待っていたの。腕を大将の腰にまわすと、ノンゲは踊りながら崖の端に近づくと、敵の大将と一緒に思いっきり深い淵に飛び込んだのよ。

妓生の衣裳をつけたノンゲ

南江の堤にいた日本の兵士たちには、岩につかまろうとして手を伸ばす大将が見えたわ。けれども、勇敢な妓生が大将の腰をしっかりと押さえて離さないのも見えたの。

みんなの見ている前で、ノンゲは自分といっしょに、大将を川の龍王の国へと引きずり込んでいったのよ。

「それからどうなったの、ハルモニ」

オクジャは、その物語が幸せな結末に向かうことが待ちきれなかったのだ。

「そうね、龍王は立派な妓生のノンゲの勇気と犠牲に褒美を与えたにちがいないわ。そしてノンゲを天国の岸辺に連れていったのよ。そうでなければ、ノンゲを地上の岸辺に戻して王子さまと結婚させたのね。ちょうど盲目の父親に仕えた孝行娘の沈清《シムチョン》の物語のようにね。

けれども、日本の大将が死んだことは、この戦いの転機になったのよ。敵の大将が討たれたという知らせを聞いて、ちりぢりになっていた韓国の兵はもう一度結束したの。虎撃ちたちは山から戻ってきたわ。そして間もなく、王さまの土地が、矮人たちから救われたことを知らせる狼煙が山にあがったのよ。

晋州《チンジュ》には妓生のノンゲを称える祠堂《サダン》が建てられているわ。年に一度、ノンゲの命日には、その尊い死を追悼して、南江の水は血の色に変わると言われているわ。その場所を「正義の岩（義岩）」と呼ぶ人もいるけれど、私のハルモニはいつも「花散る岩」と呼んでいたわ。


【解説】

これはハルモニが語る「韓国と日本の歴史」です。そこには日朝修好条規にはじまり、日本が、朝鮮に対する覇権を中国とロシアと争った日清戦争（一八九四〜九五）と日露戦争（一九〇四〜〇五）に勝利し、日韓協約を通じて韓国を保護国とし、ついには日韓併合（一九一〇）に至る祖国の悲しい歩みを察知した老婦人の感慨と、一九四五年に日本を破り、韓国を解放したアメリカ女性・カーペンターの視点が交差しています。

ここでハルモニの目に映る日本人は、醜く残虐な倭人《ウエノム》（小人）であり、壬辰倭乱（文禄慶長の役）で李舜臣の亀甲船と水軍に殲滅され、晋州の攻防では論介《ノンゲ》の策にはまって将を失い敗走しながら、戦《いくさ》に倒れた義兵の耳や鼻を削いで持ち帰り塚を築いた醜悪な過去を持つのです。

ハルモニの語りは、確かに史実ではありません。救国の英雄・李舜臣は、亀甲船を多少改良したかもしれませんが、発明したわけではありません。むしろ日本との戦いの中で、水軍の指揮を巡って同僚と対立し、左遷され、最後は戦い（露梁海戦）の中で命を落としています。

晋州の攻防も、たしかに第一次攻防（一五九二）では日本が敗退しますが、第二次攻防（一五九三）では日本が勝利し、晋州を全羅道攻略の拠点としています。その歴史には論介《ノンゲ》の影ひとつありません。

しかし、そこに伝説が生まれます。

李舜臣は、死後「忠武公」の名称や正一品の領議政の位を遺贈され、各地に碑が立ち、一九四五年の光復以降も「日本を撃退した英雄」として評価が高まり、今もその立像が、ソウルの中心である慶福宮を守る風水上の要地に立ち、外敵（日本）の侵入から国を守っています。

賤民身分の妓生であったはずの論介には、いつの間にか立派な父母と兄が与えられ、さらには夫と子どもの存在も明らかとなり、故郷とされる長水には祠堂と記念館があり、彼女が身を投げた「義岩」には石碑が立ち、近年では観光目的もあって、晋州城址など各地で論介祭が開催されるようになっています。

こうした歴史的な事実と伝説の齟齬や、伝説の祝祭化は韓国だけのことではなく、世界各地の各時代に見られますが、李舜臣や論介のような救国の英雄の物語は、しばしば歴史的事実を圧倒し、支配者と民衆のイデオロギーとしてネガティヴな威力を発揮する危険をはらんでいます。

こうした歴史よりも伝説を尊重し、歴史的検証をないがしろにする「歴史観」は、終戦直後の李承晩大統領時代に形成され、今日も学校教育を通じて強化され続けているのですが、この「歴史観」は、当時のアメリカの人々にも共有され広く支持されていたことも事実です。

32 終わりに……ずっとずっと何年も後の、オクジャの不思議な物語

「私のハルモニは、日本人をこの国に入れると良いことはないといつも言っていたわ。賢いことを言う人だったわ」

年を取ってからのオクジャは、何度も繰り返して孫たちにこう言うのだった。オクジャがまだ小さな女の子で、金《キム》家の静かな内棟で遊んでいた時から、ずいぶん長い時間が流れていた。十五歳になった時、オクジャは鮮やかな緑色の花嫁衣装を着せられた。豪華な花嫁道具を詰めた真鍮

の飾りの箪笥が先頭を行く婚礼行列を組んで、華やかに飾られた花嫁の輿に乗ったオクジャは嫁ぎ先の内棟へと旅立っていった。オクジャの子どもも孫もそこで生まれた。死ぬまでずっとそこで暮らしたいと、オクジャは願っていた。

祖母が、子どもの頃はオクジャという名前だったことを覚えている者は、もうほとんどいない。オクジャは、いまや家のどの子にとっても「ハルモニ」だった。学校から帰った子どもたちが集まるのは、きまっていつもハルモニのまわりだ。ハルモニの顔のシミは、かつての自分のおばあさんより多かった。このハルモニもまた孫たちを愛し、子どもらが、お話をねだってくると、目を嬉しそうに輝かせるのだった。

「言葉を話すトッケビや動物のお話はね、私がハルモニから聞いたお話なのよ」オクジャはいつも子どもらにそう言った。「不思議なお話だけれど、この穏やかな朝の国（朝鮮）で、私がじっさいに見聞きしたことに比べれば、それほど不思議な話ではないわ」

オクジャは、長生きして第二次世界大戦の終わりをその目で見た。日本に征服されて、長いあいだ囚人の状態だった韓国が、再び自由の身となるのを見たのだ。

その長い人生には、どんなに大きな変化があったことだろう。オクジャの家の子どもたちは、男の子だけでなく女の子も、今ではみんな学校に通っていた。真鍮の椀を入れた小さな袋を揺らしながら、子どもたちは毎朝楽しそうに家を出ていく。子どもたちが習う勉強は、かつて兄のヨンドがおばあさんの部屋でくり返し暗誦していたものとはぜんぜん違っていた。古代中国の金言に加えて、地理や歴史や科学、そして算数を、西洋の子らと同じように学んでいた。

こうした現代の若い韓国人は、路面電車や飛行機、ラジオのこともよく知っている。バスにも自動車にも乗るし、いまだに「火を焚く車」と呼ぶ年寄りがいる汽車にも乗る。そういうものがこの国に初めて持ち込まれた頃のことを、おばあさんから聞くのが、子どもたちはとても楽しみだった。

「一人の外国人に扉を開ければ、続いて百人がどっと入ってくるわ」とオクジャはよくそう言った。

韓国が初めて外国の貿易船に港を開いた時のことを思い出していたのだ。

アメリカ人を初めて見た時のことをよく覚えているわ。私はお母様といっしょに輿に乗っていて、日除けのすき間から外を覗いていたの。まるで病気かしらと思うような白い顔や縮れた髪の毛や目の色が怖かったわ。

すぐに、その時に見た人によく似た西洋の船乗りを大勢見かけるようになったわ。アメリカからだけじゃなくてヨーロッパからもやって来たのよ。でも、私たちがいちばん好きだったのはアメリカ人だったわ。アメリカ人は友だちで、とりわけキリスト教徒たちは悪い考えを持っていなかった。あの人たちは自分たちの神について語ってくれたのよ。男の子だけではなくて女の子にも学校を建てたわ。私は、そういう「開化」学校に一年だけ通ったの。考えの古いハルモニが許してくれなくて退学したの。ハルモニはすぐに、お前たちのハラボジと私を結婚させるために仲人をたのんだわ。

一番素晴らしかったのは、アメリカ人が魔法の薬を持ってきてくれたことよ。その薬は、一番腕のいい巫堂《ムーダン》のまじないよりも、ずっとうまく病気の鬼神を追い払ってくれたわ。病院のアメリカ人の医者のおかげで、たくさんの韓国人の命が助かったのよ。

男も女も何千人もが、アメリカ人の宣教師の教えを受けてキリスト教の信者になったの。ヨンド兄さんのために縫ってあげた服のポケットは「聖書入れ」よ。大切なハングルの聖書を持ち歩くために、キリスト教徒が考えたものなの。ヨンドはキリスト教徒じゃなかったけれど、このポケットは、本以外の物を入れるのにも便利だったの。

「このこともよく覚えているわ」

オクジャはよくこう言った。「日本人がソウルに持ち込んだ、あの人力車のことよ。韓国ではイルリュクと呼んだわ。車夫は、人力車の小さい舵棒《かじぼう》の間に入って走るのが得意だった。車輪はよく回るし、座席は軽かったから、重い轅《ながえ》に乗せた輿よりもずっと楽に運べたの。太った両班《ヤンバン》を乗せた時でも、人力車は男一人で楽に引けたわ。引き手は、高位の役人が使った昔の一輪車よりも、新しい人力車のほうを好んだわ。ことわざの通りで、二輪はいつも一輪に勝るということよ。

「それじゃ、自転車はどうだったの、ハルモニ。初めて自転車を見た時、どう思ったの」とオクジャの孫の一人がたずねた。

カーペンター撮影の人力車
両班が乗っている

「私たちは自転車を、自分で走る車輪と呼んだわね。引き手がいらなかったからね。でも、自転車がまったく新しい物だったわけではなかったのよ。私のハルモニはそう言っていたわ。ハルモニは、中国の山の向こうで遠い遠い昔に発明された、車輪が二つある乗り物の話を知っていたわ」

私のハルモニの話では、自転車には部品が二つあったの、「進む部品」と「戻る部品」の二つよ。ハルモニはそう説明した。

その自転車を持っていたある男が、ある日、外した戻る部品をせっせと元に戻そうとしていたの。その人のおばあさんは、見たこともないその乗り物に興味があったのよ。おばあさんは乗ってみたくて仕方がなかったの。開いた門のところにその自転車がもたせかけてあるのを見たおばあさんは、それにまたがって大通りに向かって下って行ったの。どんどん田舎を抜けて、ずっと先まで行ったわ。

おばあさんは調子よく走って行ったけれど、西の山の向こうに日が落ちる頃になると、家に帰りたくなったの。でも、それはできなかったわ。というのは、戻る部品は外したままだったのだから。そして、そのおばあさんを町で見かけることは、それからもう二度となくなったの。そういうわけで、中国では危ない「自分で走る車輪」を作るのをやめてしまったのよ。

子どもたちは、楽しそうに笑いながらこの馬鹿げたお話を聞いた。ハルモニが、古い銅銭に代わって、新しい穴のない硬貨が使われはじめた時のことを話した時も、子どもたちは笑った。

「みんなはそれを〈目のないお金〉と呼んでいたわ」とオクジャは話した。「真ん中に穴がないなんて、良い硬貨のはずがないと思ったのよ。目がないのに、いったいどうやって見るのだろうと言い合ったものよ。

初めて車輪がついた客室（路面電車）が登場した時にも、鬼神が怒りはしないかといって、ソウルの人々は恐がったものよ」とおばあさんは思い出を語った。

電車の窓に石を投げる人が出たり、レールを外そうとする人がいたし、走って来る電車に飛び込んで死んだ人もいたわ。その人は、自分の踵《かかと》に鬼神が憑いていると思って、電車が鬼神を轢いてくれるのじゃないかと考えたの。自分が助かるために、そんな馬鹿なことをしたのよ。

路面電車が走るようになったので、オクジャは話を続けた。皇帝陛下は、普信閣の大鐘が鳴っても、もう街の大門を閉めなくてよいというお触れを出されたの。たしかにまもなく、人が大通りに出ないように大鐘を鳴らすことはなくなったわ。街の大門が開いたままになったので、男たちは夜でも昼でも、好きな時に旅に出られるようになったのよ。

カーペンターが1923年に撮影したソウルの路面電車

「でもね、それまで見たこともないものが西洋から入ってきたせいで、人々は無茶なことをやりはじめたの」

祖先から受け継いだやり方を捨てれば、よくないことが起こるとわかっているというように、オクジャは首を横に振った。

男たちは外国人の着るような服を買いはじめたわ。西洋の国に旅行したことのある者たちは、神父みたいな短い髪型にしはじめたの。皇帝陛下は、髷はすべて落とすべしというお触れまでお出しになったのよ。

けれども、それはやり過ぎだったわ。上等の馬の毛の帽子の下に結った髷を誇りにしている男が多かったからね。髷がなければ、男子が成人しているかどうかもわからないわ。男たちはこの命令には従わなかったし、皇帝陛下も無理強いしなかった。もちろん、今では西洋式の考え方は、まるで鬼神みたいにこの国じゅうに広がって、子どもも若い男も、みんな髪を短くしているわ。お前たちの大叔父さんのヨンドは、私が知っているかぎり、両班《ヤンバン》らしい髷を守っているたった一人の男子よ。

「でも、短い髪は楽だし、新しいやり方のほうがいいわ、ハルモニ」と孫娘の一人がそう言った。「一生ずっと、この内棟《アンチェ》に閉じ込められてるのは嫌だわ。学校に行きたいし、友だちとも遊びたい。春には山にピクニックに行きたいの。大きくなったら、ソウルの梨花女子大に行きたいわ」

そうね、新しいやり方のほうがいいわね。みんなそう言うわ。お前たちがマッチというあの火の魔物は、お釜に薪をくべるために、ご近所から熾《おき》を借りてくるよりも安全だわ。電信や電話やラジオは、むかし山の上であげていた狼煙《のろし》より、ずっとたくさんのことを届けることができるわね。道もきれいになって、もうぬかるみを避けるために木鞋《ナマクシン》を履かなくてもすむわ。むかし、足元を照らすために下男が提げてくれた紙貼りの提灯より、電気の街灯のほうがずっと明るいわね。けれど、私の子どもの頃にも、良い物はたくさんあったのよ。何よりありがたかったのは、私たちが自由だったということよ。私たちの国は私たちだけのものだった。お前たちが大好きなその新しいやり方は、ほとんどみんな日本が私たちの国を支配していたあの暗い時代にやって来たものばかりよ。

「虎と友だちになろうとすれば、いつのまにか自分が虎の腹の中にいることに気がつくものだ」と、私のハルモニがよく言っていたわ。オクジャは重々しく首を横に振るのだった。「虎というのは日本とのことよ。私たちは、友人として日本人を韓国に迎えたのに、日本人はずっと敵のままだった。日本は、私たちをめぐって中国やロシアと戦争をしたわ。そして、どちらの戦争でも勝ったのは日本だったの。そしてついに機会をうかがって、私たちの国を乗っ取り、自分の思うように作り変えてしまったのよ」

「アイゴー、なんてことなの」

ハルモニは、残酷な日本支配の年月を思い出しては嘆き悲しんだ。誇り高い白い韓国の旗、赤と青の太極旗は降ろされて、代わりに、古い建物にも新しい建物にも、建物という建物にはみんな赤と白の日本の旗が掲げられた。国の名前さえ大韓帝国から大昔の朝鮮という名称に戻された。都市や町には、韓国の名前に代わって日本風の名前がつけられた。誇り高い韓国人は奴隷の身に落とされたのだ。博士《パクサ》や旅の詩人も、日本から来た矮人のために、小作農のように働かなければ罰せられたのだった。

「自分の家なのに、私たちの一家は押し合うようにして、行廊房《ヘナンバン》（舎廊《サランチェ》の使用人の部屋）で暮らさなければならなかったのよ。日本の大将たちに家を横取りされて、私たちは使用人になったのよ。日本人が私たちの食事を食べ、私たちには一年中「春窮」が続いたわ。日本人は、庭の畑やキムチの甕の中にこっそりと埋めてでもおかなければ、貴重品を全部盗んでしまったのよ」オクジャは、その頃の自分の暮らしを思い出したくなかった。

それから、恐ろしいことがいくつも起こったのよ。身が安全な者はいなかったの。それは女も同じだったわ。一九一九年の三一独立運動で、大通りに人を出さないために鳴り響いた大鐘の音は忘れることはできないわ。

女子学生も、この穏やかな独立運動に加わったのよ。女子学生たちも、むかしの物語のキーセンのノンゲと同じように、自分の国を本当に愛していたわ。男たちといっしょに、女子学生たちは大通りを声をあげて歩いたわ。女子学生たちも、日本に禁じられていた「万歳《マンセー》、万歳《マンセー》」という戦いの鬨《とき》の声を上げたのよ。そうして、私のあの夫、お前たちのハラボジは、その時ひどく叩かれたおかげで遠い彼岸に行ってしまったのよ。あの人は自分の国が自由になるようにと働いて、それで命を落としたのよ。

「アイゴー」とハルモニは涙をぬぐった。

日本の支配に抵抗したあの革命は愚かだったと思うわ。ニワトリの卵を投げて岩を二つに割ろうとするようなものだったもの。日本人はあまりにも強かったのよ。そして、おそろしく残酷だったわ。日本人にこの国の土を踏ませたその日が、後に続いた悪いことのはじまりだったのよ。

「けれど、もうその日本人はいないよ、ハルモニ。アメリカの兵隊が、第二次世界大戦に勝ってからすぐにソウルから追い出したんだよ」

男の子の中の一人が、悲しむ自分のおばあさんを慰めようとしてそう言った。

金《キム》家の年長の子どもたちは、この国の端から端まで支配した日本のことをよく覚えていた。その子たちは小さい時から、公の場で韓国語は話してはならないと教えられたのだった。ソウルの学校に通った子たちは、日本語で授業を受けさせられたのだ。「天子様」と呼ばされた日本の天皇の写真の前では、お辞儀をしなければならなかった。

そして、子どもらは、日本のおかげでもたらされた恩恵の数々を暗誦させられた。機械がうなりをあげている工場やきれいな店、石造りで格好の良い政府の建物や現代的なホテルや百貨店、何千本もの植林、川に架かる鉄橋、快適な道路を走る自動車、飛行場から青空に飛び立つ飛行機！　これらはみんな、植民地である韓国への贈り物だと、日本人は自慢した。

「けれど、日本人は飢えと恐怖、悲しみと受難ももたらしたのよ」

オクジャは、こういった恩恵の話になると、必ずこう付け加えた。

「日本人は私たちの田を取り上げたわ。大事な本を焼き払ったわ。私たちに、自分の言葉を忘れさせようとしたわ。そして、勇敢なこの国の男たちを殺したわ」

ハルモニは、孫たちがアメリカ兵の話をするたびに、晴れやかな顔になるのだった。

「そうね、茶色い制服のあの背の高い人たちのことを考えると気持ちが休まるわ。アメリカ兵は私たちに新しい希望をくれたのよ。冬の終わりに枯れ枝から芽を出して春に咲く花のようにね。まるで、雨の後の乾いた小川の底に水がまた流れ出したように、アメリカの兵隊たちは歓迎されたのよ」
「そうよ、アメリカ人は私たちの国を取り戻してくれたのよ。感謝しているわ。マンセー、マンセー。韓国がこれからもずっと自由に生きられますように」

【解説】

ハルモニの昔話集の最後をかざるこの話は、韓国の人々が日本による植民地支配から解放された後の出来事で、ヨンドやオクジャにたくさん昔話を語ってくれたハルモニはすでになく、いまはオクジャが孫たちに囲まれて語ることになっています。

私たちの想定が正しく、仮にヨンドとオクジャが金弘集の息子と娘であり、オクジャが一八八〇年頃の生まれであったとすると、この時オクジャは六十五歳を過ぎていたものと思われます。オクジャとヨンドを愛したハルモニの語りが広壮な両班屋敷の内棟で語られた時から六十年に近い時が過ぎ、激動の時を経て、いま物語の枠が閉じられるのです。

オクジャは数え年十五歳の時にお嫁にいき、一九一九年の三一運動の時に夫を亡くしています。それはおそらく数え年で四十歳前後の出来事でしょう。

こうした設定からすれば、日本の植民地支配に対するオクジャの目が厳しいものになるのは当然です。しかしこの激動の時を、昔と同じ内棟《アンチェ》の内に籠って過ごしたオクジャと、近代化の洗礼をうけた子どもたち、路面電車に乗って男女ともに学校に通った孫たちの経験は複雑に交差し、一筋にまとめることはできません。

欧米諸国から「隠者の国」と呼ばれ長く国を閉ざしていた韓国は、一八七五年九月の江華島事件をきっかけに日本と日朝修好条規（一八七六年二月）を結び、ついに国を開くことになります。その後、一八八二年に米朝修好条約が結ばれますが、金弘集はこの条約の締結に朝鮮側の副使として参加しています。本書の著者であるフランセス・カーペンターが、父のフランクと日本を経て韓国を訪れたのは、その直後の一八九〇年代後半と一九二〇年代初頭で、その成果は『アジア紀行』（一八九七）、『日本と韓国』（一九二五）として刊行されています。この二冊の本のなかで、フランクは、日本の植民地支配をキリスト教的な人道主義の立場から批判することはあっても、西欧的な「近代文明の普及と近代科学の推進」という価値観を共有するパートナーとして日本を評価することが多く、オクジャの最後の語りに見えるような「残虐な支配者・略奪者」としての日本人像は見られません。

最後に娘のフランセスが、オクジャに「残虐な支配者・略奪者」としての日本人を語らせた背景には、一九四七年という時代背景が色濃く反映しているように思われます。アメリカは、一九四五年八月十五日まで激しい抵抗を繰り返す日本と戦い、自分たちを「鬼畜」と呼び、特攻という自爆テロをしかけ、本土決戦めざして竹槍訓練に励む「残虐な日本人」と戦ってきました。

オクジャのこの語りには、その「残虐な支配者・略奪者」としての日本人から韓国を解放したアメリカ人の、率直な日本人観が反映していたのではないでしょうか。その後、一九五〇年六月に朝鮮戦争が勃発すると、アメリカ軍の後方支援に重要な役割を果たした日本は「残虐な支配者・略奪者」から、再び「西欧と価値観を共有する友好国」へと姿を変えたのだと思います。しかし残念ながら韓国の人々の間には「残虐な支配者・略奪者」としての日本人のイメージが生き続け、歴史的事実を私たちと語り合うのが難しい状況が続いています。

あとがき

本書は、Frances Carpenter, Tales of a Korean Grandmother（Doubleday & Company Inc.Garden City, New York, 1947）の翻訳です。本書の挿絵の多くは、一九四七年に編まれた原典のために描かれたもので、当時のアメリカの人々の韓国観を垣間見ることができると思われます。

フランセス・カーペンターは、旅行家で数多くの紀行記を残したフランク・G・カーペンター（Frank Georges Carpenter）の娘として一八九〇年にワシントンD.C.で生まれました。フランセスは、十代前半から父親のフランクの秘書兼撮影担当の助手として世界各地を旅して、一九〇八年にスミス大学（Smith College）で学び一九一二年に卒業するまでの間をのぞいて、一九二四年にフランクが亡くなるまで父と行動をともにし、彼の旅行記執筆に協力し、数多くの写真を提供しています。

フランセスの父フランク・G・カーペンターは、一八五五年にアイオア州に生まれ、大学を卒業するとともにジャーナリストとしての活動を始め、一八八四年には発足まもないアメリカ新聞協会の特派員となり、以後世界中を旅してそのレポートを雑誌に送る仕事に従事し、イギリスの王立地理学協会のフェローに就任し、一九二四年六月に中国の南京で客死するまでに四十冊以上の著書を残し、その多くがアメリカの学校教育の標準的なテキストとされました。

フランクの仕事で注目に値するのは、数多い旅行記のかたわら『南アメリカの社会・産業・政治』（一九〇〇）、『世界の食べ物』（一九〇七）、『世界の衣裳』（一九〇九）、『世界の家屋』（一九一一）、『世界の子どもたち』（一九一七）のような文化人類学や比較民俗学研究の基礎となる情報を世界中からレポートし、整理してみせたことです。

これは、飛行機や鉄道やテレビカメラやスマートフォンのような通信機器によって、ほぼ全世界がネットワークで繋がった世界に生きている私たちにとっては、ごく当たり前の日常的な「ワールドレポート」ですが、それがどれほどの困難を伴うものであったかは、フランクとほぼ同時代人であったイザベラ・バード（一八三一〜一九〇四）の『日本奥地紀行』（一八八〇）、『朝鮮紀行』（一八九四）を見れば分ります。

そしてこの父フランクの仕事は、娘のフランセスによって受け継がれ、深められて、フランクの死後も『私たちの住む家』（一九二六）、『私たちが着る衣裳』（一九二六）、『私たちが旅した道』（一九二九）、『私たちの世界の子どもたち』（一九二九）、『子どもたちの仕事と遊び』（一九三九）などの貴重な民俗誌が次々と誕生しました。

フランセスは、父の存命中の一九二〇年にウィリアム・チャピン・ハンティントンと結婚します。夫のハンティントンが外交官で、パリのアメリカ大使館で働いた後にアメリカ外務省勤務となったために、結婚後も夫とともに世界中を旅することになります。

そして一九三〇年に「お婆さんの昔話シリーズ」の第一巻『バスクのお婆さんの昔話』を刊行し、その三年後の一九三三年に『ロシアのお婆さんの昔話』で成功をおさめます。以後、『中国のお婆さんの昔話』（一九三七）、『スイスのお婆さんの昔話』（一九四〇）と本書『ハルモニが語る朝鮮王朝末の暮らしと文化』（一九四七）という五冊の昔話集を刊行します。

そしてさらに、一九五二年からは「国際民俗伝承アンソロジー（International folklore anthologies）というシリーズを企画し、『英雄と馬の不思議な話』（一九五二）、『犬と猫の不思議な話』（一九五五）、『海と船の不思議な話』（一九五九）、『象のバスタブ・極東の不思議な話』（一九六二）、『アフリカの不思議な話』（一九六三）、『ネズミの宮殿』（一九六四）、『南アフリカの不思議な話』（一九六九）、『日本の北国のアイヌの話』（一九七二）という七冊の昔話集を刊行しています。

フランセスには、このほかにも二十冊を超える民族誌に関する著作があり、そのほとんどの作品の視点は、西欧から遠く離れた国々の人々、とくに子どもや女性や虐げられた人々に向けられ、彼女の「旅する民俗学者」としての姿勢をよく示しています。

たしかにフランセスの旅には、父親のフランクの仕事の影響で「限られた時間のなかで、出来るだけ多くの地域を訪ねる」という時間的・空間的な制約がありました。そしてこの旅の性格は、外交官であったウィリアム・ハンティントンとの結婚後も変らず、むしろさらに強化されたのではないかと思われます。夫ウィリアムとの旅は、フランセスの知識と経験の幅を広げましたが、やはりその性格上、現地でじっくり腰をおろして民俗を調査することは難しかったはずです。

本書を生み出したフランセスの韓国体験も、おそらくこの「限られた時間のなかで、出来るだけ多くの地域を訪ねる」という時間的・空間的な制約を免れなかったのではないかと思われます。

フランセスは、父フランクとともに二度の韓国旅行を経験しています。

その最初の旅は、一八九七年に刊行された『アジア紀行』の旅で、二人は日本から船で韓国に渡り、済物浦（仁川）からソウルに向かい、おそらく数日滞在した後にシベリア鉄道に乗るために馬に乗って東海岸の元山まで七日間の旅をしますが、その旅の記録はありません。

フランセスの二度目の韓国滞在も、やはり父フランクとの旅で、フランクの死後の一九二五年に刊行された『日本・韓国紀行』に記述されたものです。最初の旅から三十年近い年月が経過していたので、今回は下関から釜山まで船で向かい、釜山からは鉄道を利用し、「わずか十時間」でソウルに着きます。しかし、この韓国滞在もおそらくは短いもので、フランクがソウルの町から出たのは、ソウルからほど遠からぬ山中の仏教寺院をおとずれた一夜のみで、あとはソウルで過ごし、町の人々の暮らしや、近代化と日本の植民地政策の齟齬、韓国の人々の抵抗、その儒教にそった伝統的な生活とキリスト教の浸透など、目についた事象の紹介に留まっています。

フランセスの『韓国のお婆さんの話』を読んだ後に、この二つの韓国紀行を目にすると、その記述の質と量の違いに驚かずにいられません。『韓国のお婆さんの話』が、韓国の人々の暮らしに対する実に正確な観察にもとづき、緻密に構成されているからです。

もちろん、私たちが一般に目にする優れた昔話集の多くは、優れた民俗誌であり、語りや、語り手の話の記録に留まらず、語り手の生涯や、その語りの系譜を明らかにすることは珍しいことではありません。しかし本書のように、架空の語り手（ハルモニ）と聞き手（オクジャとヨンド）の交流を通して、その暮らしと社会的な背景、歴史、地理、彼らの同時代人たちの世界観・宗教観などの広範囲なテーマを一冊に詰め込んだ昔話集は他にないと思われます。フランセスの『ハルモニが語る朝鮮王朝末期の暮らしと文化』の一話一話には、その話にまつわる語り手一家と韓国の人々の暮らしがきめ細かく織り込まれ、話を読むことによって、語りの生まれた当時の韓国の人々の暮らしや韓国の歴史が具体的にわかるような工夫が詰め込まれているのです。

あの二つの簡略な旅行記の同伴者にこのように見事な昔話集の編纂が、どうして可能だったのでしょうか。

その謎をとく鍵は、本書に添えられたフランセスの短い「謝辞」にあるようです。

フランセスはそこで、本書の資料となった朝鮮王朝末期の「The Korean Repository」（一八九二と一八九五〜九八刊行の月刊誌）「The Korean Review」（一九〇一〜〇六刊行の月刊誌）のような雑誌、宣教師や教師や旅行者のレポート、エリオット・グリフィスの『隠者の国朝鮮』（一八九四）、ホレイス・ニュートンの『朝鮮の物語』（一八八九）、W・R・カールスの『朝鮮の生活』（一八八八）、イザベラ・バードの『朝鮮紀行』（一八九八）、S・ゲイルとホーマー・ハルバートの著作、スチュワート・カリンの『朝鮮人の遊び』（一八九五）を挙げています。

これらの雑誌の記事、旅行記、民俗誌、物語集には、本書の舞台となった朝鮮王朝末期の韓個人の暮らしが詳しく報告されています。とくにホレイス・ニュートンの『朝鮮の物語』には、ハルモニがオクジャやヨンドに語った昔話が多く収められています。フランセスは、これらの情報を総合して『ハルモニが語る朝鮮王朝末の暮らしと文化』を書き上げたに違いありません。

しかしここで大切なのは、「旅する民俗学者」としてのフランセスの独自の経験と視点です。そこには、フランセスが韓国をはじめとする世界中を旅して、旅を通して学んだ民俗学そのものに対する深い知識が生きています。とくに韓国を訪れた彼女は、つねにカメラを通して対象を記録することを父親に求められていたこともあり、彼女自身の眼でみた具体的な記憶を『ハルモニが語る朝鮮王朝末の暮らしと文化』の中に鮮やかに再現することができたのです。彼女には、自分の眼でみた事実を、世界中の民俗記録や、昔話集を読むことで補い、読書による知識を視覚化し、具体化する力が身についていたのです。

この「旅する民俗学者」としての特異な資質が、『ハルモニが語る朝鮮王朝末の暮らしと文化』という類《たぐい》まれな昔話集を誕生させたのだと思います。

最後に、本書に翻訳にあたって貴重な原著書の初版を貸与してくださり、韓国の、昔話と民俗に関するさまざまの御助言をくださった崔仁鶴先生と奥様の巌鎔姫先生に心から感謝いたします。

二〇二三年春　　樋口淳

参考文献

The Korean Repository,(periodical),Seoul, 1892 & 1895-98

The Korean Review(periodical),Seoul, 1901-06

William Elliot Griffis,Corea, *the Hermit Nation*, 1894

Horace Newton Allen, *Korean Tales*, New York, 1889

W. R. Carles, *Life in Corea*, London & New York, 1888

Isabella Bird Bishop, *Korea and Her Neighbors*, London, 1898

James S. Gale, *Korean Folktales*, London, 1914

Homer B. Hulbert, *Passing of Korea*, New York,1906

Stewart Culin, *Korean Games*, Philadelphia, 1895

Frank Georges Carpenter, *Asia*, New York, 1897

Frank Georges Carpenter, *Japan and Korea*, New York, 1925

崔仁鶴・厳鎔姫編著『韓国昔話集成（全八巻）』二〇一三年～二〇二〇年、悠書館

【著者・訳者紹介】

フランセス・カーペンター（1890～1972）
紀行作家フランク・カーペンターの娘としてワシントンD.C.で生まれ、父の秘書兼撮影担当助手として世界各地を旅し数多くの貴重な記録を残した。外交官ウィリアム・パンティントンとの結婚後も活動を継続し、1930年以降に「お婆さんの語りシリーズ」を刊行。本書はその五冊目にあたる。ほかに20冊を超える民族誌に関する著作があり、生涯を「旅する民俗学者」として過ごした。

中西康貴（なかにし・やすたか）
1957年和歌山市に生まれる。1976年に専修大学入学。卒業後、団体職員を経て翻訳に従事。翻訳にロジャー・ジャネリ／任敦姫著「韓国農村の祖先祭祀と資本主義的産業化」（専修大学人文科学年報 第50号）、ロジャー・ジャネリ著『資本主義をつくる』（風響社・近刊）などがある。

【解説者略歴】

樋口淳（ひぐち・あつし）
1964年に東京教育大学入学。ベルギー政府給費留学生としてルーヴァン大学に学び、1975年に帰国し専修大学に勤務。翻訳にロジャー・ジャネリ/任敦姫著『祖先祭祀と韓国社会』（第一書房・1993）、崔仁鶴/厳鎔姫編著『韓国昔話集成・全八巻』（悠書館・2013～2020）などがある。

民話の森叢書3　**ハルモニが語る朝鮮王朝末の暮らしと文化**

発行日　2023年6月1日　初版発行

著者　フランセス・カーペンター
翻訳　中西康貴
解説　樋口淳
装丁・組版　戸坂晴子　牧ヶ野靖子
発行　民話の森
〒150-0047　東京都渋谷区神山町11-17-307
TEL 03-5790-9869 / 090-6037-4516
発売　株式会社国際文献社
〒162-0801　東京都新宿区山吹町358-5 アカデミーセンター
TEL 03-6824-9360
印刷・製本　株式会社国際文献社

　ISBN978-4-910603-18-6
定価はカバーに表示してあります